WHEN HISTORY MEOWS

고양이가 중국사의 주인공이라면 ⑥

[위, 진, 남북조 편]

페이즈(肥志) 편저
이에스더 옮김

서문

혼란스럽고 어수선했던 '삼국'을 뒤로 하고, 《고양이가 중국사의 주인공이라면》은 한층 더 심한 격동의 시기로 여러분과 함께 들어가 보려고 한다. 이 시기는 서진을 시작으로 동진십육국, 남북조, 마지막으로 천하를 통일한 수나라까지 전후 300여 년간을 가리키며, 역사학자들은 이를 '양진 남북조'*라고 부른다.

이 시기의 역사 이야기를 펼치기 전에 나는 여러 친구에게 이에 관한 생각을 물었다.

그들의 대답을 통해 얻은 결론은, 이 시기가 정말 '인기가 없다'라는 것이었다! 많은 친구가 불교, 소수민족, 비수대전 정도만 이야기할 수 있을 뿐, 그 이상은 없었다.

그도 그럴 것이, '양진 남북조' 시기가 기간은 길어도 세워졌다 사라진 나라만 20여 개인 데다가, 호족과 한족이 융합되었던 특수한 시기였고, 각종 이익과 갈등이 뒤엉킨 실타래와 같던 시기였다. 게다가 《삼국연의》 같은 명작이 살을 붙여주지도 못했으니, '격동'의 시기였다는 것 빼고는 사람들에게 더 이상의 다른 인상을 남기기가 어려웠다.

---

* 이 책에서는 '위, 진, 남북조'와 '양진 남북조'를 함께 사용한다. '위, 진, 남북조'는 위나라부터 남북조까지 이어지는 분열과 변화의 전체 과정을 아우르며, '양진 남북조'는 진(서진, 동진)과 남북조를 중심으로 한 분열의 핵심 국면을 강조하는 관점에서 사용된다. – 편집자 주.

그래서 이 이야기를 쓰면서 나는 스스로 작은 목표를 세웠다. 핵심 인물과 사건으로 줄거리를 구성해 여러분에게 '양진 남북조'에 대한 기본적인 인상을 남기는 것이었다. 북방은 유한, 전진, 북위, 북주, 북제, 수 순으로 그 역사를 전개했고, 남방은 동진(晉)부터 진(陳)조까지의 남방이 왜 늘 수동적으로 공격 당했는지에 대해 중점적으로 서술했다.

여기서 나는 특히 작업실에서 나와 늦은 밤까지 작업했던 모든 동료에게 감사함을 전한다. 그들이 《진서》,《북사》 등과 같은 책 속을 뛰어다니지 않았다면, 이 역사 이야기를 이렇게 빠르게 여러분에게 선보일 수 없었을 것이다.

이 책의 출간으로 이 책을 읽는 친구들이 더 이상 '양진 남북조'에 대해 생소함을 느끼지 않길 바란다. 만약 여러분이 거기서 한발 더 나아가 이 역사 이야기를 다른 사람들과 나누고 싶어진다면, 우리는 더욱 큰 행복을 느끼게 될 것 같다.

마지막으로, 《고양이가 중국사의 주인공이라면》에 대한 여러분의 지지에 다시 한번 감사드린다!

다음번에 또 만나길 기원하며.

차례

제 65 장

거센 남풍이 불어오다, 황후 가남풍

진(晉)나라의 통일로,

서기 280년,
진무제가 군사를 일으켜
오나라를 멸하고 중국을
다시 통일했다.

왕중뤄(王仲犖)
《위진남북조사(魏晉南北朝史)》

100년 가까이 이어져 오던
난세의 삼국시대가 막을 내렸어.

90여 년간
전란과 분열에 빠져 있던
중국은 이로써 다시금
통일을 알렸다.

푸러청(傅樂成)
《중국통사(中國通史)》

천하도 조금…은 기운을 되찾았지.

짧았던 태강[1] 연간에…
(진나라는) 오랫동안 망가졌던
사회의 생산력을
한정적으로나마 회복했다.

판원란(范文瀾)
《중국통사(中國通史)》

---

1) 태강(太康): 서기 280~289년. – 역주.

하지만 이 진 황조는…

좀 안타까운 황조였어.

(진나라는)
경제 발전과 동시에 몇몇
잠재된 문제들도 드러났다.

주사오허우(朱紹侯)
《중국 고대사(中國古代史)》

진나라의 황족인 사마 씨 집안은
삼국시대부터 계획을 세웠고,

사마 씨가 득세한 것은
사마의(司馬懿) 때부터였다…
조조, 위문제, 위명제,
조부에서 손자에 이르는
3대에 걸쳐 역임했다.

푸러청(傅樂成)
《중국통사(中國通史)》

거센 남풍이 불어오다, 황후 가남풍

몇 대에 걸쳐 가문을 이끌었던 집안의
주인들은 용의주도한 사람들이었어.

사마의가 정변을 일으켜 정권을
장악하고 있던 조상[2]을 죽였다. 그때부터
조위 정권은 완전히 사마 씨의 수중에
떨어졌다… 사마소[3]가 촉한을 평정하고
더욱 위엄과 명망을 떨쳤다…
사마염[4]은 서기 265년에 위나라를 대신해
칭제하고 국호를 진(晉)으로 바꿨으며
수도를 낙양[5]으로 정했다.

탕창루(唐長孺)
《위진남북조수당사 강의
(魏晉南北朝隋唐史 講義)》

그러니 그 많은 영웅이 패망할 때까지 버텨내
결국 천하를 통일할 수 있었던 거야.

사마 씨는 조위의 기반을 빌려
통일을 이룩했다.
장따커(張大可) 《삼국사(三國史)》

하지만 다음 세대 계승자가…

사마염이 죽고
아들 사마충(司馬衷)이 즉위했다.
그가 바로 진혜제(晉惠帝)다.
바이서우이(白壽彝)
《중국통사(中國通史)》

---

2) 조상(曹爽) : 조위(曹魏)의 권신. 3대 황제 조방(曹芳)이 어린 나이에 황위에 오르자 실권 장악. – 역주.
3) 사마소(司馬昭) : 사마의의 차남. – 역주.

사마염의 장자 사마충은
백치에 가까운 저능아였다.

바이서우이(白壽彝)

《중국통사(中國通史)》

'모자란다'라는 표현이 과장이 아니었던 게…

언젠가 나라에 기근이 들어 백성들이
밥도 못 먹는 지경에 이르렀는데,

당시 천하에 기근이 들어
백성들이 굶어 죽고…

《자치통감(資治通鑑)·83》

---

4) 사마염(司馬炎) : 사마소의 장남, 서진 초대 황제인 무제(武帝). − 역주.
5) 낙양(洛陽) : 지금의 허난(河南)성 뤄양(洛陽)시. − 역주.

거센 남풍이 불어오다, 황후 가남풍

그는 해맑게

이런 말을 했지….

…황제가 이를 듣고,
말하길 "왜 고기죽을
먹지 않는가?"

《자치통감(資治通鑑)·83》

대신들이 무슨 말을 할 수 있었겠어….

혜제는 타고난 지능이 낮아,
무제 시절 일부 관리들은
그가 황위를 계승할 수
없으리라 생각했다.

푸러청(傅樂成)《중국통사(中國通史)》

(진무제는) 말년에 이르러
혜제가 (황위라는) 짐을
짊어질 수 없다는 것을 알았다…
심복들과 함께 후사를 도모했다.

《진서·제기 제3(晉書·帝紀第三)》

그 부분은 이 고양이를 빼놓고 말할 수 없어.

바로 황후 가남풍(賈南風) 고양이야.

혜가황후의
휘는 남풍이고,
평양6) 사람이었다.

《진서·열전
제1(晉書·列傳第一)》

---

6) 평양(平陽) : 지금의 산시(山西)성 린펀(臨汾)시 지역. – 역주.

거센 남풍이 불어오다, 황후 가남풍

황제가 모자라니
당연히 도와줄 사람이 필요했는데….

대신들은… 믿을 수가 없어서,

황후인 남풍 고양이가 바보 황제를
보좌하는 고양이 중 하나가 되었어.

그렇게
태후를 중심으로 한 태후파,

양황후가 진혜제를 낳고…
진무제는 의도적으로
양 씨의 세력을 키웠다…
황족의 세력과 함께 황실을
보좌하는 두 날개가 되었다.

판원란(范文瀾)《중국통사(中國通史)》

황후를 중심으로 한 황후파,

가황후는…
친척 오빠 가모(賈模),
조카 가밀(賈謐),
외숙모 곽창(郭彰)과 같은
측근들을 의지했다.

왕중뤄(王仲犖)
《위진남북조사(魏晉南北朝史)》

그렇게 두 무리가 황제를 보좌하게 되었지.

거센 남풍이 불어오다, 황후 가남풍

하지만… 남풍 고양이의 야심은 어마어마했어.

그녀는 명문 세가 출신이었으나,

못생긴 데다…

으음…악랄한 고양이였어….

가황후는 태자비 시절
질투심에 직접 여러 사람을
죽였고, 임신한 첩에게
창을 던져 창날에 맞은 첩이
유산하기도 했다.

《자치통감(資治通鑑)·82》

황제로 보좌하는 방패로서 두 외척 세력이

폐하(진무제)…
황후와 비의 외척에게
조정을 맡기면…

《진서·열전 제12
(晉書·列傳第十二)》

서로 협력해야 했지만,

무제는…
외척 진영을 확대해
지혜롭지 못한 태자를 보좌해
통치 기반을 강화하는 데
목적이 있었다.

처우루밍(仇鹿鳴)
《위신시대의 정치권력과
가족 네트워크
(魏晉之際的政治權力與家族網絡)》

거센 남풍이 불어오다, 황후 가남풍

우리의 황후께서는?

가황후는 며느리 된 도리로
태후를 섬기지 않고
또 정사에 관여하려 했고…
《자치통감(資治通鑑)·82》

무제가 죽자
양 씨 가문과 가 씨 가문의 관계도
곧 분열을 알렸다.
처우루밍(仇鹿鳴)
《위진시대의 정치권력과 가족 네트워크
(魏晉之際的政治權力與家族網絡)》

그럴 생각이 없었지!

그녀는 자기 방식대로 움직였어.

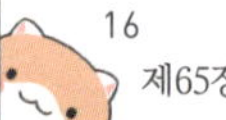

남풍 고양이는 먼저 바보 황제의 친왕[7]들을
이용해 태후파를 해치웠고

혜제의 황후 가 씨는
비밀리에 도독형주제군사
(都督荊州諸軍事)
초왕(楚王) 사마위[8]를
수도로 불러 양준[9]과
그 도당을 죽이고…
또한 양태후를 가둬
굶겨 죽였다….

주사오허우(朱紹侯)
《중국 고대사(中國古代史)》

태후파를 정리한 뒤에는

여남왕(汝南王) 사마량[10]과
원로 위근(衛瓘)이 함께
조정을 운영해 가황후는
여전히 전권을 얻을 수 없었다…
가황후는 혜제가 사마위에게
북군을 이끌고 사마량과 위근을
죽이라는 조서를 내리게 했다.
사마위가 명령대로 사마량 등을
죽이고 나자 가황후는 혜제가
그런 조서를 내린 적이 없다고
부인했고… 사마위를 죽였다.

왕준뤄(王仲犖)
《위진남북조사(魏晉南北朝史)》

반대로 친왕들을 해치웠지.

---

7) 친왕(親王) : 태자가 아닌 황제의 아들이나 형제. – 역주.
8) 사마위(司馬瑋) : 사마염의 8남. – 역주.
9) 양준(楊駿) : 사마염의 두 번째 황후인 무도황후의 아버지. – 역주.
10) 사마량(司馬亮) : 사마의의 3남. – 역주.

거센 남풍이 불어오다, 황후 가남풍

중앙의 대권이 이렇게 조금씩
남풍 고양이의 손에 들어간 거야.

이런 일련의 수단을 통해
(가황후는) 조정을 자신의
손에 넣기 위해
장애물을 제거했다.
처우루밍(仇鹿鳴)
《위진시대의 정치권력과
가족 네트워크
(魏晉之際的政治權力與家族網絡)》

그 모든 일이 일어나는 동안
바보 황제는 황궁 안 장식품에 불과했어….

혜제 사마충은 지능이 낮아
복잡한 정치 국면을 통제할
힘이 부족했기 때문에
황권의 균형과 중재 능력을
상실했다.
처우루밍(仇鹿鳴)
《위진시대의 정치권력과
가족 네트워크
(魏晉之際的政治權力與家族網絡)》

으음… 하지만
그에게도 남풍 고양이를 위협할 만한 것이 하나 있었는데…

바로 그에게
총명한 태자가 있다는 것이었어.

(290년) 가을, 8월, 임오(壬午)일,
(진혜제는) 광릉왕(廣陵王)
휼(遹)을 황태자로 세웠다.
《자치통감(資治通鑑)·82》

태자 (휼)은 총명하고 강직하며
쉽게 길들일 수 없는 성정으로…
《자치통감(資治通鑑)·83》

하지만 태자는… 남풍 고양이가
낳은 아들이 아니었어.

태자 휼은
혜제의 비인 사(謝) 씨
소생이었다.
푸러청(傅樂成)
《중국통사(中國通史)》

이것을 남풍 고양이가 두고 볼 수 있었겠어?

태자 (휼은)…
평소 가황후의
질시를 받았다.
푸러청(傅樂成)
《중국통사(中國通史)》

거센 남풍이 불어오다, 황후 가남풍

결국 남풍 고양이는
멋대로 구실을 만들어

가황후는 태자를 취하게 한 뒤
반란을 꾀하는 글을 쓰도록 설계했다.
그러고 나서 혜제가 식건전(式乾殿)에서
신하들을 만날 때 태자가 쓴 글을
모두 보게 했다. 신하들이 이를 보고
감히 이의를 제기하지 못했고,
태자를 죽이자는 가황후의 제안에
모두 동의했다.

바이서우이(白壽彝)《중국통사(中國通史)》

가황후는 태의령 정거(程據)에게
독약을 만들게 하고, 조서를 고쳐
황문[11] 손려(孫慮)에게 허창[12]에 가서
태자를 독살하게 했다… 손려는
태자에게 약을 먹도록 압박했으나
태자가 거부하자 손려는 약을 빻는
절굿공이로 그를 때려죽였다.

《자치통감(資治通鑑)·83》

태자를 처리해버렸어….

황제는 허수아비 신세로 전락했고,

---

11) 황문(黃門) : 환관, 내시. – 역주.
12) 허창(許昌) : 지금의 허난성 쉬창(許昌)시 지역. – 역주.

태자까지 처리되자,

가황후는 사람을 보내
태자를 독살하고…
푸러청(傳樂成)
《중국통사(中國通史)》

진 황조의 황권은
그때부터 완전히 남풍 고양이가 장악하게 되었지.

사마 씨의 통치가 심각한 위험에 빠진 거야…

무제가 말년에 심혈을 기울여
설계한 사후의 계획이
그가 사망한 지 불과 1년도 채
되지 않아 와해되고 말았다….
가황후는 일련의 핏빛 정치
부생의 승리자로서
정권을 장악했다.

처우루밍(仇鹿鳴)
《위진시대의 정치권력과
가족 네트워크
(魏晉之際的政治權力與家族網絡)》

거센 남풍이 불어오다, 황후 가남풍

악랄한 '음모가'였던 남풍 고양이는

가황후는 사마위를 이용해 사마량과
위근을 죽였다. 곧이어 가황후는
'독단적인 살인'이었다는 죄명으로
사마위도 죽였다… 이러한 일들을
통해 가황후의 수단이 얼마나
악랄하고 뛰어났는지 알 수 있었다.

푸러청(傳樂成)《중국통사(中國通史)》

비록 피로서 정치적 입지를 다졌으나

집권 당시 능력 있는 신하를 기용했고

장화[13]는 황실에 충성을 다하고,
빠지고 모자라는 부분을 메꾸니,
가황후가 흉악한 인물이었음에도
장화를 존경하고 중히
여길 줄 알았다. 가모, 장화,
배외[14]가 합심해 왕권을 보좌해
정치했다….

《자치통감(資治通鑑)·82》

---

13) 장화(張華) : 서진의 학자이자 정치가. − 역주.
14) 배외(裴頠) : 가남풍의 이종사촌. − 역주.

어느 정도는 국가를 안정적으로 발전시켰어.

…어리석은 군주와 모진 황후가
이끄는 조정이었음에도
나라가 편안한 것은
모두 장화의 공이었다.

《진서·열전 제6(晉書·列傳第六)》

음, 적어도… 바보 황제보다는 나았지.

그런데, 남풍 고양이는 무력으로
권력을 차지하는 데 성공하기는 했지만,

가황후는 양준을 죽이고
정권을 차지했다. 가황후는
여남왕 사마량에게 정치를
보좌하게 하고, 초왕 사마위를 시켜
사마량을 죽였나.
가황후는 사마위도 죽였다…
태자를 폐하고 조정을 장악했다.

판원란(范文瀾) 《중국통사(中國通史)》

거센 남풍이 불어오다, 황후 가남풍

태자를 죽임으로써
진 황조의 황권 체계를 무너뜨렸어.

태자가 폐위되자
많은 사람이 분노했고…
결국 손수[15]에게 "지금 나라에
황위를 이을 적자가 없으니,
사직이 위태로워질
것입니다"라고 설득했다.
《자치통감(資治通鑑)·83》

이제 태자도 없는데
황제의 자리는 누가 앉아야 할까?

이런 상황이 되자,

태자가 살해당하고…
새로운 정치적 폭풍의 도화선에
불을 지피는 꼴이었다.
처우루밍(仇鹿鳴)
《위진시대의 정치권력과
가족 네트워크
(魏晉之際的政治權力與家族網絡)》

---

15) 손수(孫秀) : 서진의 정치가, 사마륜의 측근. − 역주.

건국 초기에 분봉을 받았던 제후왕들이
이빨을 드러내기 시작했어.

일부 종친왕들은…
지조를 지키면서 일부 군정도
장악할 수 있고, 중앙 조정을
좌지우지할 수도 있는
너무 많은 권력을 쥐고 있어
야심이 점점 커졌다.

바이서우이(白壽彝)
《중국통사(中國通史)》

전에 없던 엄청난 폭풍우가
곧 불어닥칠 참이었지….

태자가 가황후에게 살해당하고,
한숨을 돌린 지 10년이
되어가던 서진 정권은
다시금 풍전등화와 같은
형세에 놓이게 되었다.

처우루밍(仇鹿鳴)
《위진시대의 정치권력과
가족 네트워크
(魏晉之際的政治權力與家族網絡)》

뿌리가 아직 깊지 않았던 진 황조는 이제 어떤 길을 걷게 될까?

이어서 계속

거센 남풍이 불어오다, 황후 가남풍

편집자의 말 ◇◇◇◇◇◇◇◇◇◇◇◇◇◇◇◇◇◇◇◇◇◇◇◇◇◇◇◇◇◇◇◇◇

　　진(晉)나라는 난세에 태어나 3대에 걸쳐 심혈을 기울인 끝에 사마염 대에 드디어 기반을 다졌다. 신생 정권으로서 초기에는 백성의 부담을 완화하고 삶을 안정시켜 원기를 되찾게 하고, 국력을 회복시켜 통치를 공고히 해야 했으나, 사마염의 계승자는 이런 역사적 사명을 감당할 능력이 없었다. 집권자의 세력은 약하고 다른 집단의 세력은 강하니 정국이 안정적일 리 없었고, 지방을 장악하고 있던 황족들과 고위 관직에 있는 중신들 모두 잠재적인 위험 요소였다. 황권을 공고히 하기 위해 사마염은 결국 외척을 의지하는 쪽을 선택했다. 혼사를 통해 외척과 황권은 밀접하게 결합되었고, 외척은 황권 통치의 보조 세력이 되어 황권의 통치 기반을 강화했다. 하지만 사마염이 미처 생각지 못했던 것은, 황권을 공고히 하기 위해 이용하려 했던 외척이 이 체계에서 가장 먼저 느슨해지는 고리가 될 것이라는 점이었다. 결국 바로 그들이 정세를 요동치게 했고 권력 다툼의 새로운 폭풍우를 몰고 왔다.

가남풍 역 - 우롱차

참고 문헌 : 《진서(晉書)》, 《자치통감(資治通鑑)》, 바이서우이(白壽彝) 《중국통사(中國通史)》, 푸러청(傅樂成) 《중국통사(中國通史)》, 판원란(范文瀾) 《중국통사(中國通史)》, 주사오허우(朱紹侯) 《중국 고대사(中國古代史)》, 장따커(張大可) 《삼국사(三國史)》, 왕중뤄(王仲犖) 《위진남북조사(魏晉南北朝史)》, 탕창루(唐長孺) 《위진남북조수당사 강의(魏晉南北朝隋唐史 講義)》, 처우루밍(仇鹿鳴) 《위진시대의 정치권력과 가족 네트워크(魏晉之際的政治權力與家族網絡)》

또 누구?

가남풍은 질투가 매우 심해서 다른 여자가 사마충의 아이를 가지는 꼴을 못 봤어. 그래서 한 번은 임신한 다른 비에게 창을 던진 적도 있었지.

태후는 물러가라!

가남풍은 수도 없이 고양이들을 죽였지만, 귀신을 매우 두려워했어. 태후의 원혼이 보복하지 못하도록 특별히 부문,[16] 약물 등을 구해 영혼을 달랬지.

보물 같은 내 딸

가남풍은 태자에게는 매우 악랄했지만, 자신이 낳은 딸은 매우 애지중지했어. 딸이 병이 나가 곤장 전국에 사면령을 내려 복을 빌었지.

---

16) 부문(符文) : 부적의 글자나 문양. – 역주.

야옹이들의 프로필

<소원을 말해봐>

<탈색>

우롱차
게자리
생일 : 7월 11일
키 : 180cm
좋아하는 과목 : 생물
(인간 우롱차 소개)

제 66 장

●

팔왕의 난

사마염이 위원제(魏元帝)를
폐하고 스스로 황제가 되어
연호를 진시(泰始)로 바꿨다.
그해에 제후왕을 분봉하고…

천인커(陳寅恪)
《위진남북조사 강연록
(魏晉南北朝史講演錄)》

팀장님들은 모두
황제의 사촌 형제들이었어.

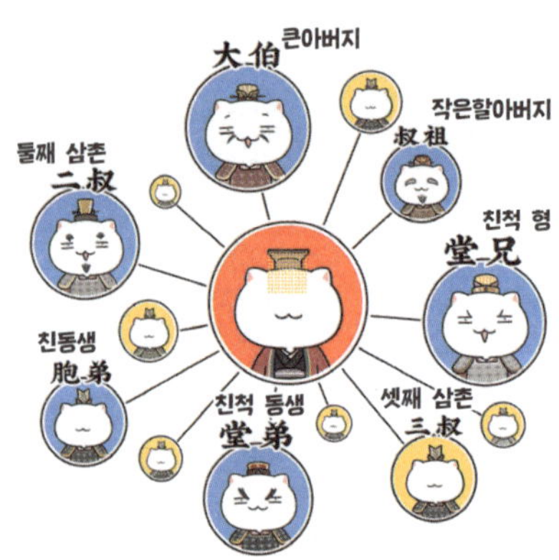

개국 초기에 사마염은
종실 제후왕들을 대거 분봉하고…
작은할아버지 사마부[17]를
안평왕(安平王)에,
숙부 사마간[18]을 평원왕(平原王),
사마량을 부풍왕(扶風王),
사마주[19]를 동완왕(東莞王)에 봉하고…
총 27명의 제후왕을 분봉했다.

처우루밍(仇鹿鳴)
《위진시대의 정치권력과 가족 네트워크
(魏晉之際的政治權力與家族網絡)》

---

17) 사마부(司馬孚) : 사마의의 동생. – 역주.
18) 사마간(司馬榦) : 사마의의 5남. – 역주.
19) 사마주(司馬伷) : 사마의의 4남. – 역주.

그들은 자신의 군대를 가질 수 있었고,

(사마염은) 점차 제후왕들에게
각 주에 군사를 감독하게 했고…
제후왕들은 봉국의 군정 대권을
장악해 상당히 많은 수의 군대를
통제했다.

주사오허우(朱紹侯)

《중국 고대사(中國古代史)》

필요할 때는 중앙을 보호하는 일도 담당했지.

제후왕들은 대군을 이끌고,
허창, 업성,[20] 장안[21] 등의
전략적 요충지를 떠나
수도 낙양을 호위했다.

바이서우이(白壽彝)

《중국통사(中國通史)》

이것은 원래 새로운 정권의 초기 안정성을
보장하기 위한 '좋은' 방법이었는데,

(사마염은) 핵심적인 행정 요직을
맡은 적도, 군대를 이끌고
출정하거나 주(州)나 군(郡)을
수비해본 적도 없었고…
튼튼한 정치적 기초가 결여된
황제로서, 종실의 힘은
사마염이 자신의 권력을 공고히
하는 데 중요한 도움이 되었다.

처우루밍(仇鹿鳴)

《위진시대의 정치권력과
가족 네드워그
(魏晉之際的政治權力與家族網絡)》

---

20) 업성(鄴城) : 지금의 허베이(河北)성 한단(邯鄲)시와 허난성 안양(安陽)시에 걸친 지역. – 역주.

21) 장안(長安) : 지금의 산시(陝西)성 시안(西安)시 지역. – 역주.

안타깝게도, 하늘의 시나리오는
그렇게 흘러갈 생각이 없었어…

(사마염은) 제후왕을 많이
분봉하는 방식으로 자신의 사후에도
황실이 보호받는 효과를 누릴 수
있길 바랐다. 한편으로는 안팎이
서로 밀접한 관계를 맺을 수 있고,
다른 한편으로는 태자의 순조로운
계승을 보장하는 데 도움이 되는
방식이었다.

처우루밍(仇鹿鳴)
《위진시대의 정치권력과 가족 네트워크
(魏晉之際的政治權力與家族網絡)》

(사마염)은 이 제후왕들이 황실의
병풍과 울타리 역할을 해주길
바랐으나 실상은 그의 바람과는
완전히 달랐다.

판원란(范文瀾) 《중국통사(中國通史)》

황제에 올려놓고 보니
'진 2대'는 바보였고,

무제가 죽자,
태자 사마충이
황위를 이어받았다.
그가 혜제다.
혜제는 태어날 때부터
지능이 낮아…

푸러청(傅樂成)
《중국통사(中國通史)》

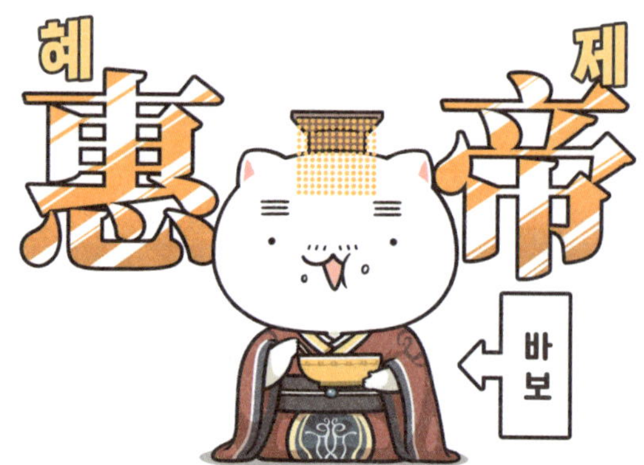

'진 3대'는… 황위에 오르기도 전에….

혜제가 황위를 계승하고,
사마휼을 태자로 세웠다.
처우루밍(仇鹿鳴)
《위진시대의 정치권력과
가족 네트워크
(魏晉之際的政治權力與家網絡)》

살해당했지….

가황후가
태자(사마휼)를 죽였다.
주사오허우(朱紹侯)
《중국 고대사(中國古代史)》

원래 정해져 있던 권력의 질서가
순식간에 완전히 사라져버린 거야….

태자가
가황후에 의해 살해되고…
서진 정치 본래의 권력 구조가
철저히 붕괴되었다.
처우루밍(仇鹿鳴)
《위신시내의 징치 권력과
가족 네트워크
(魏晉之際的政治權力與家族網絡)》

상황이 이렇게 되자
'보안 팀장'들은 가만있지 않았어.

제후왕들은
가황후의 독단적인 정치에
불만을 품고, 늘 호시탐탐
황위를 노렸다.

바이서우이(白壽彝)

《중국통사(中國通史)》

어차피 정통 계승자도 없는데
누구든 '후보'가 될 수 있는 것 아니겠어?

황권이 몰락하고…
종친왕들은 너도나도
최고 권력을 쟁탈하기 위한
분쟁에 휘말렸다.

바이서우이(白壽彝)

《중국통사(中國通史)》

그렇게 '보안 팀장'들이 일으킨 내전이
막을 올리게 되었지.

통치 계급 내부에
최고 권력을 쟁취하기 위한
매우 잔혹한 전쟁이 시작되었다.

바이서우이(白壽彝)

《중국통사(中國通史)》

그게 바로 역사적으로 유명한
'팔왕의 난(八王之亂)'이야.

진나라 제후왕 중
난에 가담한 자들이
여덟 명뿐은 아니었지만,
《진서》에서 이 여덟 명의 전기를
한 권으로 묶고 있어
역사가들 모두 '팔왕의 난'이라고
부른다.

뤼쓰미안(呂思勉)
《양진남북조사(兩晉南北朝史)》

불쌍한 진 황조는 이제 막 로그인 하자마자
지옥 모드에 들어간 셈이었어….

그리고 이 고양이의 등장으로,
이 내란은 완전히 돌이킬 수 없는 길에 들어섰지.

그는 바로
조왕(趙王) 사마륜(司馬倫) 고양이었어.

사마륜 고양이는 항렬이 매우 높아서

---

22) 선제(宣帝) : 선제는 사마의를 말한다. - 역주.
23) 사마준(司馬駿) : 사마의의 7남. – 역주.
24) 사마융(司馬肜) : 사마의의 8남. – 역주.

바로 황제에게는… 작은할아버지였지.

무제가 죽고,
아들 사마충이 황위를 계승했다.
그가 진혜제다.
진혜제는 백치였다…
군사과학원(軍事科學院)
《중국 군사 통사(中國軍事通史)》

그는 사마의 집안의 막내아들로,

사마의에게
아들이 아홉 있었다…
조왕 륜(사마의의 아홉 번째 아들)은…
왕중뤄(王仲犖)
《위진남북조사(魏晉南北朝史)》

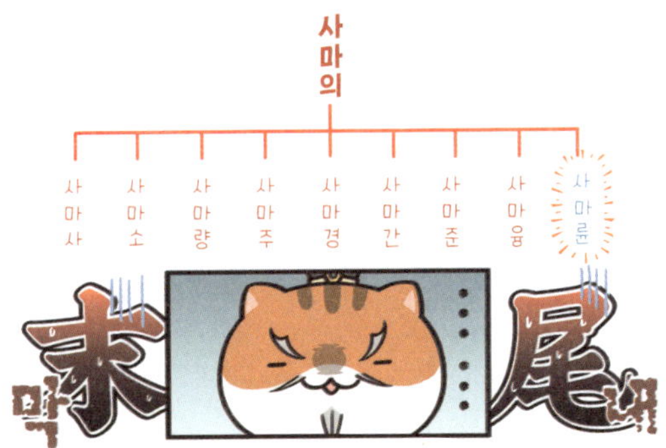

그동안 좋은 일은… 그와 관련이 없었어.

형이 황제가 되었을 때도,

경제(景帝)의 휘는 사(師),
자는 자원(子元)으로,
선제(사마의)의 큰아들이고…
문(文)황제의 휘는 소(昭),
자는 자상(子上)이며, 경제와 같은
어머니를 둔 형제다.
(주석 – 사마염이 황제에 오르고
사마의를 선제, 사마사를 경제,
사마소를 문제로 추봉했다.)
《진서·제기 제2(晉書·帝紀第二)》

조카가 황제가 되었을 때도,

무황제의 휘는 염(炎),
자는 안세(安世)로,
문제의 큰아들이다.
《진서·제기 제3(晉書·帝紀第三)》

조카 손자가 황제가 되었을 때도,

효혜황제의 휘는 충(衷),
자는 정도(正度)로,
무제의 둘째 아들이다.
《진서·제기 제4(晉書·帝紀第四)》

어쨌든 그의 몫은 없었지….
(딱해라….)

하지만…
하늘은 언제나 놀라움을 선사하는 법.

갑자기 '진 3세'가 죽임을 당한 거야….

가황후가 사람을 보내
태자 사마휼을 죽였다.
푸러청(傅樂成)
《중국통사(中國通史)》

이 일로 찬밥 신세였던 사마륜 고양이에게도
뜻밖의 출전 기회가 생겼지!

태자 (사마휼)이
해를 입었고, 사마륜과
손수의 음모가
갈수록 심해졌다.
《진서·열전 제29
(晉書·列傳第二十九)》

그는 곧장 태자의 복수를 외치며
바로 돌진했어!

(사마륜)은 태자의 복수를
명분 삼아… 군사를 이끌고
궁으로 들어가 황후를 폐하고,
가밀과 가 씨의
친족들을 죽였다.
푸러청(傅樂成)
《중국통사(中國通史)》

사마륜 고양이는 명분과 자신의 서열을 무기로

수도를 성공적으로 점령했을 뿐만 아니라,

자신을 황제라고 칭했지.

원래 모두가 '팀장'이었는데,
그가 갑자기 '회장'이 된다니….

다른 '보안 팀장'들이…
그것을 어떻게 두고 보겠어?

… 다른 제후왕들이
불만을 품기 시작했다.
군사과학원(軍事科學院)
《중국 군사 통사(中國軍事通史)》

그렇게 사마륜 고양이를 시작으로…

제후왕들은 돌아가며 서로 죽고 죽였어.

조왕 사마륜이
자신을 황제라고 칭하자
삼왕의 봉기가 일어났다.
처우루밍(仇鹿鳴)
《위진시대의 정치권력과
가족 네트워크
(魏晉之際的政治權力與家族網絡)》

휴…
구체적으로 어떻게 싸웠는지는 몰라도 돼.

간단하게 설명하자면,
하나가 황위에 오르면…

조왕 사마륜이
황위를 찬탈했다….

왕중뤄(王仲犖)
《위진남북조사
(魏晉南北朝史)》

다른 몇몇이 그를 처리해버렸고,

허창의 제왕(齊王)
사마경[25]이 사마륜을
치기 위해 군사를 일으켰고,
성도왕(成都王) 사마영[26]
하간왕(河間王) 사마옹[27]
등이 호응했다.

왕중뤄(王仲犖)
《위진남북조사(魏晉南北朝史)》

---

25) 사마경(司馬冏) : 사마염의 동생인 사마유(司馬攸)의 3남. – 역주.
26) 사마영(司馬穎) : 사마염의 16남. 《진서》의 기록을 기준으로 함. – 역주.
27) 사마옹(司馬顒) : 사마의의 동생 사마부의 손자. – 역주.

하나를 처리하고 다른 하나가 황위에 오르면…

얼마 가지 않아
사마륜이 죽임을 당했다.
사마경이 수도에 들어가
황제의 정치를 보좌했다.

왕중뤄(王仲犖)
《위진남북조사(魏晉南北朝史)》

나머지가 다시 그를 처리했지….

장사왕(長沙王) 사마예[28]가
사마경에 불만을 품었다…
사마경을 토벌하려 군사를
일으켰다. 3일간의 연전 끝에
사마경이 패했고 사마예에
의해 죽임당했다.

왕중뤄(王仲犖)
《위진남북조사(魏晉南北朝史)》

어쨌든 그 집안의 싸움은 끝이지 않았고…

---

28) 사마예(司馬乂) : 사마염의 6남. 《진서》의 기록을 기준으로 함. – 역주.

5년 넘게 지속된 이 내전은
황권 통치를 해체하는 도구가 되었어.

(301년) 조왕 사마륜이 살해되었다…
306년, 동해왕(東海王) 사마월[29]이
조정에 들어와 정권을 잡고
사마영과 사마옹을 죽였고,
이후 혜제까지 독살했다.
제후왕들의 세력이 다 소진되면서
'팔왕의 난'도 끝을 알렸다.
이 내란은 서진의 통치에 심각한
위협을 가했고… 서진의 통치는
산산조각이 나 붕괴 상태가 되었다.

주사오허우(朱紹侯)

《중국 고대사(中國古代史)》

통치 계급은 서로 싸우느라
천하를 다스릴 새가 없었던 터라,

통치자들은 내전을 치르느라
바빴고… 조정은 동요했고
통제력을 완전히 잃었다.

주사오허우(朱紹侯)

《중국 고대사(中國古代史)》

그사이 나라는 사회적, 경제적으로
심각하게 망가졌고,

('팔왕의 난') 기간 동안,
정상적인 생산은 아예 불가능했고…
소농가의 경제는
완전히 파괴되었다.

주사오허우(朱紹侯)

《중국 고대사(中國古代史)》

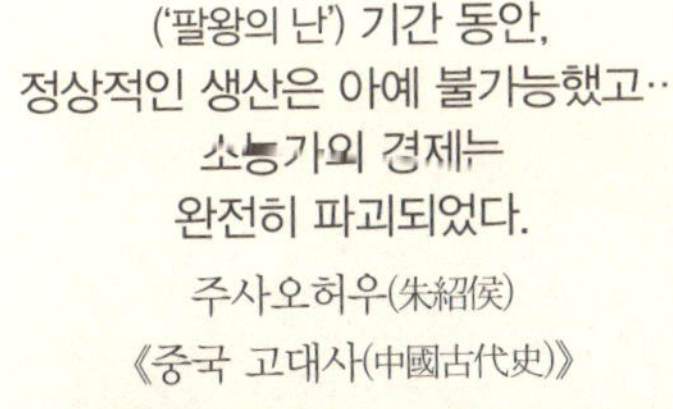

---

29) 사마월(司馬越) : 사마의의 동생 사마규(司馬馗)의 손자. 역주.

백성들은 기근과 역병으로
끝없는 고통을 받고 있었지.

진나라 말기의 '팔왕의 난'은
백성들에게 심각한 재난을
몰고 왔고, 그 기간 전국 각지에
가뭄, 침수, 해충, 서리 등의
심각한 자연재해가 발생했으며,
대기근과 대역병이
그 뒤를 이었다.

주사오허우(朱紹侯)
《중국 고대사(中國古代史)》

이로 인해 진 황조의 통치력은
급격히 약해졌고…

'팔왕의 난' 동안 제후왕들은
서로 죽고 죽였다. 전쟁으로 인한
피해가 끝이지 않으면서
백성들은 매우 큰 재난을 당했고,
서진 황조의 통치력 역시
크게 약화되었다.

바이서우이(白壽彝)
《중국통사(中國通史)》

그 무렵, 제국의 북쪽에서 유목민족의 세력이
고개를 들기 시작했어….

종친왕들의 혼전 중,
일부가 소수민족 군대를
끌어들이면서 각각의 소수민족
귀족들의 군대가
커지게 되었다…

군사과학원(軍事科學院)
《중국 군사 통사(中國軍事通史)》

이 같은 큰 내전이 발생하자
그들은 중원으로 들어오기 시작했지.

… 그 기회를 틈타
중원에 진입했다.

군사과학원(軍事科學院)

《중국 군사 통사(中國軍事通史)》

'팔왕의 난'을 겪은 진 정권은
이미 매우 아슬아슬한 상태였어…

서진 황조는
비바람을 맞으면서도
표면적으로는 존재했으나…
정상적으로 나라를 운영하고
지방을 통제할 수 있는
안정적인 중앙의 권력은
이미 더 이상 존재하지 않았다.

처우루밍(仇鹿鳴)

《위진시대의 정치권력과 가족 네트워크
(魏晉之際的政治權力與家族網絡)》

그러면 유목민족의 등장이
이 국면을 또 어떻게 바꿔 놓을까?

이어서 계속

편집자의 말 ◇◇◇◇◇◇◇◇◇◇◇◇◇◇◇◇◇◇◇◇◇◇◇◇◇◇◇◇◇◇◇◇◇◇◇◇

'팔왕의 난'은 진 황조 말기에 발생한 황족들이 서로 정권을 다툰 혼전이었다. '팔왕'이라고 이름을 붙였으나 실제로 이 친족 간의 전쟁에 가담한 이는 팔왕뿐만이 아니었다. 전서에서 주요 제후왕 8명의 전기를 한 권으로 묶으면서 '팔왕의 난'이라고 불리게 되었다. '팔왕의 난'에 관한 분석과 연구는 매우 다양하다. 예를 들어, 어떤 학자는 가황후가 정치를 어지럽혔던 부분을 여기에 포함하기도 한다. 이를 '팔왕의 난'의 시작으로 보는 것이다. 본 편에서는 종실에 초점을 맞춰 지방에서 권력을 잡고 있었던 제후왕들이 난을 일으킨 과정과 결과를 중점적으로 묘사, 분석했다. 제후왕들의 잇따른 거병과 서로 죽고 죽이는 일들로 인해 대혼란이 중앙 조정에서 지방까지 퍼졌고, 백성들은 전쟁의 여파로 더욱 고통받았다. '팔왕의 난'은 널리 퍼졌을 뿐만 아니라 오래 지속되어 진 황조의 중앙 통치를 심각하게 동요시켰고, 진나라의 종말을 알리는 종을 울렸다. 중국 대륙은 이때부터 혼란스러운 긴 암흑기에 들어가게 되었다.

참고 문헌 : 《진서(晉書)》, 졘보짠(翦伯贊) 《중국사강요(中國史綱要)》, 바이서우이(白壽彝) 《중국통사(中國通史)》, 판원란(范文瀾) 《중국통사(中國通史)》, 푸러청(傅樂成) 《중국통사(中國通史)》, 주사오허우(朱紹侯) 《중국 고대사(中國古代史)》, 천인커(陳寅恪) 《위진남북조사 강연록(魏晉南北朝史講演錄)》, 탕창루(唐長孺) 《위진남북조수당사 강의(魏晉南北朝隋唐史講義)》, 왕중뤄(王仲犖) 《위진남북조사(魏晉南北朝史)》, 뤼쓰미안(呂思勉) 《양진 남북조사(兩晉南北朝史)》, 처우루밍(仇鹿鳴) 《위진시대의 정치권력과 가족 네트워크(魏晉之際的政治權力與家族網絡)》, 군사과학원(軍事科學院) 《중국 군사 통사(中國軍事通史)》

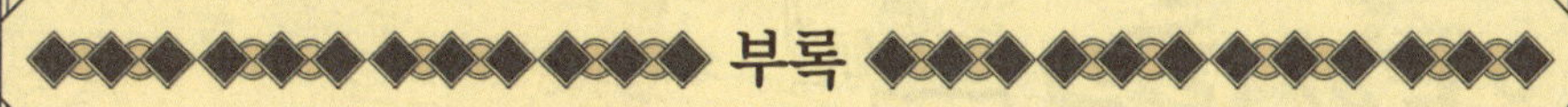

담비의 꼬리를
개 꼬리로 대신하다

서진의 대관들이 쓰는 모자에는 담비 꼬리로 만든 장식이 있었는데, 사마륜이 황위를 빼앗은 뒤 자신의 측근들을 대거 대관에 임명해 조정을 장악하게 했어. 이로 인해 담비 꼬리가 부족하게 되자 어쩔 수 없이 개 꼬리로 대체했지.

가장 비참했던 황제

팔왕이 전쟁을 시작하고 나서 서로 바보 황제를 차지해 천하를 호령하려고 했지만, 그를 진심으로 신경 쓴 사람은 없었어. 어떤 이는 그에게 거친 쌀을 먹였고, 어떤 이는 그가 화살에 맞게 했지. 전혀 황제 대우를 하지 않았던 거야.

다 개 때문이야

사마륜에게는 '손수'라는 모사가 있었어. 군사를 일으켰을 때도 모든 일을 손수에게 물었고, 칭세 후 정무도 모두 손수에게 맡겼지. 전쟁에서 패해 죽기 전에도 그는 모든 잘못을 손수의 탓으로 돌렸어.

야옹이들의 프로필

라면 극장

라면

쌍둥이자리

생일 : 6월 1일
키 : 180cm
좋아하는 과목 · 화학

(인간 라면 소개)

53

라면의 게임 존

Lamian's Game Zone

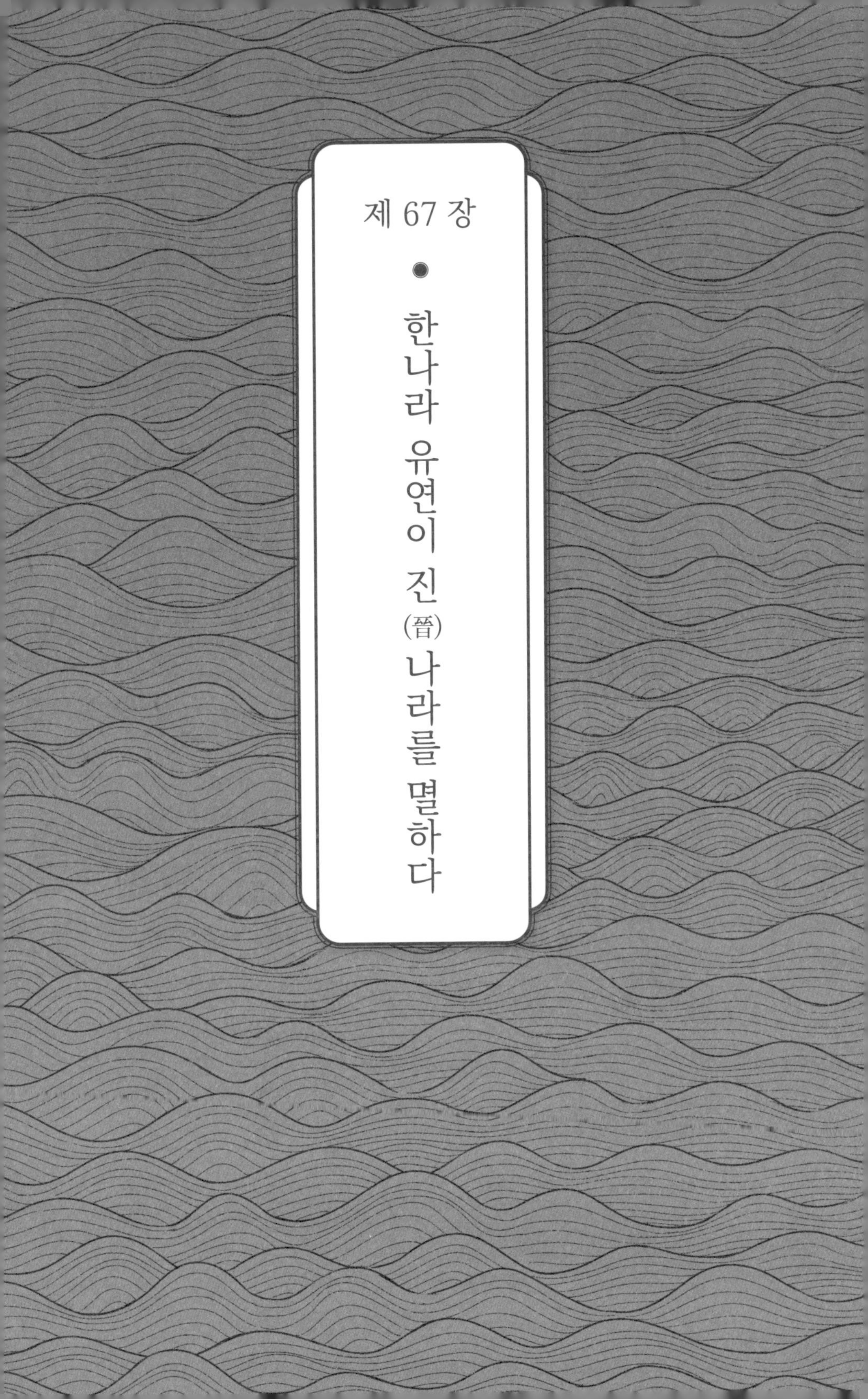

제 67 장

한나라 유연이 진(晉)나라를 멸하다

사마 일가가 서로 싸우기 시작하면서,

진 황실의 제후왕들이
혈육끼리 서로 죽고 죽였던
참극을… 사서에서는
'팔왕의 난'이라고 불렀다.

푸러청(傅樂成)
《중국통사(中國通史)》

'팔왕의 난'이 벌어지는 동안에
정상적인 생산이 불가능했고,
전란으로 인해 목숨을 잃은
백성들이 수도 없이 많았다.
계급 간, 민족 간 갈등이 빠르게
격화되었다.

주사오허우(朱紹侯)
《중국 고대사(中國古代史)》

제국 전체가 엉망진창이 되었어.

중앙의 통치력은 끊임없이 약화되어,

통치자들은 쉴 새 없이
내전을 치르면서 자신의 세력을
약화시켰다.

주사오허우(朱紹侯)
《중국 고대사(中國古代史)》

진 황조는 금방이라도
무너질 것처럼 위태로웠지.

'팔왕의 난'은
서진 왕조의 경제력과
군사력을 크게 약화시켰고,
통치 기반은 뿌리부터
흔들렸다.

군사과학원(軍事科學院)
《중국 군사 통사(中國軍事通史)》

이때 나타난 한 고양이가
진나라의 멸망을 더욱 앞당겼는데,

한나라 유연이 진(晉)나라를 멸하다

그가 바로 유연(劉淵) 고양이야.

유연이고,
자는 원해(元海)였다.
바이서우이(白壽彝)
《중국통사(中國通史)》

유연 고양이는 유목민족 출신인데,

유원해는
신흥[30] 지역의 흉노인으로…
《진서·재기 제1
(晉書·載記第一)》

고대에는
북방 유목민족을 '호(胡)'라고도 불렀어.

(주석 - 호(胡)는 고대에
북방, 서방의 민족을
일컫는 말이었다.)
《현대 한어 사전(現代漢語辭典)》

---

30) 신흥(新興) : 지금의 산시(山西)성 신저우(忻州)시 북쪽 지역. - 역주.

동한 시절부터
호족 고양이들은 중원으로 이주하기 시작했고,

동한 이후, 중국의 날씨는
조금씩 추워지는 경향이 있었으며,
소수민족은 물과 풀을 따라 살며,
점차 남하했다.

주사오허우(朱紹侯)
《중국 고대사(中國古代史)》

진 황조 시절에는
이미 한족 고양이들과 섞여 살고 있었지.

위진시대에 내륙으로
이주하는 소수민족의 수가
절정에 달했다…. 각 민족은
내륙 이주 후 정착해 한족과
섞여 살며 농업 생활을 했다.

주사오허우(朱紹侯)
《중국 고대사(中國古代史)》

호족에는 5개의 주요 민족이 있었는데,

한나라 유연이 진(晉)나라를 멸하다

각각 흉노(匈奴), 선비(鮮卑),
갈(羯), 저(氐), 강(羌)이었어.

당시 내륙으로 이주했던
수많은 민족 중에
주요 민족으로
흉노, 선비, 갈, 저, 강
5개 민족이 있었다.
옛 역사에 그들은
'오호(五胡)'라고 불렸다.

주사오허우(朱紹侯)

《중국 고대사(中國古代史)》

유연 고양이가 바로 흉노의 우두머리였지.

당시에 마침
사마 씨 제후왕들이
서로 싸우고 있었고…
좌현왕(左賢王) 유선[31]이
흉노 5부의 상층 귀족들을
소집해 함께 은밀히 모의해
유연을 대선우[32]로 추존했다.

바이서우이(白壽彝)

《중국통사(中國通史)》

소수민족 출신이기는 했으나,

31) 유선(劉宣) : 유연의 증조부. - 역주.
32) 대선우(大單于) : 흉노족의 우두머리. – 역주.

그의 조상이 한나라 공주와
결혼했었기 때문이지.

초기, 한고조가
종실의 여인을 공주로 삼아
묵돌에게 시집보내고…

《진서·재기 제1(晉書·載記第一)》

유연의 할아버지는
어부라(於扶羅)였다.
(주석 – 이 이름은 소수민족어를
음역한 것으로, 여부라(餘扶羅),
어부라(於扶羅) 등으로 표기되기도 한다.)

왕중뤄(王仲犖)
《위진남북조사(魏晉南北朝史)》

유연은 원래
'어부라' 일가 사람이었으나,

33) 외생(外甥) : 현대에서는 외조카를 의미하지만, 고문에서는 외조카뿐만 아니라 방계 여성의 자손
까지 포함. – 역주.

한나라 유연이 진(晉)나라를 멸하다

훗날 아예 성을 '유'로 바꿔버렸어….

… (한고조와 묵돌은)
형제가 될 것을 약속했고,
이 때문에 그의 자손들이
유 씨를 사칭했다.

《진서·재기 제1(晉書·載記第一)》

한족과 호족이 '공동 출자'한 고양이로서,

유연 고양이는 한족의 문명을 습득하고,

(유연은) 경학,[34] 사학 및
제자백가의 학문과
손오병법을 공부했고,
이후 임자[35]의 신분으로
낙양에 남아 거주하며
한나라 문화에 깊이 동화되었다.

주사오허우(朱紹侯)

《중국 고대사(中國古代史)》

---

34) 경학(經學) : 사서오경을 연구하는 학문. - 역주.
35) 임자(任子) : 옛날, 부모 형제의 덕으로 벼슬에 오른 사람. - 역주.

흉노족의 강인한 체력과
용맹한 정신까지 가진,

… (유연이) 무예를 배우니,
무리 중에 가장 뛰어났고,
원숭이처럼 팔이 길어
활쏘기를 잘하며 체력이
다른 이들보다 뛰어났다.
체구가 크고 훤칠해
키가 8척 4촌,
수염이 3척 정도였다…
《진서·재기 제1(晉書·載記第一)》

그야말로 문무를 겸비한 고양이였지.

아, 그런데…
그는 전혀 중용되지 못했어.

공순(孔恂), 양요(楊珧)가 말하길,
"신이 원해(元海)의 재능을 보아하니,
오늘날 감히 그와 비교할 자가
없습니다… 그는 우리와 같은 민족이
아니니 그 마음도 역시 다를 것입니다.
제 생각에 그에게 본부의 일을
맡기는 것은 폐하께 불안 요소가
될 것입니다. 혹여 그가 천혜의 요새를
취해 그 견고함이 그의 힘이 되면
안 되지 않겠습니까?" 무제가 침묵했다.
《진서·재기 제1(晉書·載記第一)》

한나라 유연이 진(晉)나라를 멸하다

진나라의 통치자는
그를 경계했을 뿐만 아니라,

공순이 말하길,
"만약 원해가 양주(凉州)를
평정하고 수기능[36]을 벤다면,
양주에 난이 일어날까
두렵습니다. 교룡[37]이
구름과 비를 얻으면
더 이상 연못 속의 동물이
아닐 것입니다."
그러자 무제가 그만두었다.
《진서·재기 제1(晉書·載記第一)》

사사건건 배척했지….

제왕(齊王) 사마유가
당시 구곡(九曲)에 있다는 말에
사람을 보내 살펴보니
원해도 그곳에 있는 것을 보고
무제에게 말하길
"폐하께서 유원해를
없애지 않으시니,
신은 병주(并州)가 오래
안녕하지 못할까 두렵습니다."
《진서·재기 제1(晉書·載記第一)》

---

36) 수기능(樹機能) : 선비족 제3대 우두머리. – 역주.
37) 교룡(蛟龍) : 상상 속 동물로, 때를 만나지 못해 뜻을 이루지 못한 영웅호걸을 비유하는 말. – 역주.

유연 고양이는 몹시 기분이 불쾌했어….

자신이 평생 잔재주나 부리며 살아야 할 것 같았거든.

그런데 그때…
진 황조에 갑자기 난이 일어났어.

진혜제 시절,
황실 내부에
큰 혼전이 벌어졌고,
역사는 이를
'팔왕의 난'이라고 불렀다.

바이서우이(白壽彝)
《중국통사(中國通史)》

한나라 유연이 진(晉)나라를 멸하다

황족들은 서로 싸우느라 정신이 없었고,

백성들의 생활은 갈수록 처참하기 짝이 없었지.

그때 유연 고양이는 기회가 왔다는 것을 직감했어.

유선 등이 굳게 간언하길,
"… 오늘날 사마 씨의 부자, 형제가
스스로 서로를 마구 짓밟으니, 이는
하늘이 진나라의 덕을 미워해
우리에게 (천하를) 주시려는 것입니다.
선우께서는 스스로 덕을 쌓아
진나라 사람들조차 감복했으니,
지금이 우리 민족을 흥하게 하고,
호한야(呼韓邪) 선우의 업을
회복할 때입니다… 바라건대
선우께서는 의심하지 마십시오."
원해가 말하길, "그 말이 맞다."

《진서·재기 제1(晉書·載記第一)》

이런 황조를
뒤엎지 않고 그냥 둘 순 없잖아?

그래서 유연 고양이는
이 기회를 틈타 고향으로 돌아갔어.

북방에서 제후왕들의
혼전이 일어나고 있을 때,
흉노는 '민족을 흥하게 하고
업을 회복할' 시기가 이미
도래했음을 깨닫고… 유연은
좌국성[38]으로 돌아갔다.

주사오허우(朱紹侯)

《중국 고대사(中國古代史)》

---

38) 좌국성(左國城) : 지금의 산시(山西)성 팡산(方山) 현 지역. – 역주.

한나라 유연이 진(晉)나라를 멸하다

그러고 나서 '진나라 타도'의 깃발을 들었지.

(유연은) 서진을 전복시키는 것을
목표로 설정하고 이렇게 말했다.
"내가 없애려는 것은
사마 씨뿐이다."
주사오허우(朱紹侯)
《중국 고대사(中國古代史)》

유연은 중원의 제왕이 되길 원했고,
선비, 오환[39]과도 동맹을 맺을 수
있다고 생각했다. 그는 진나라
사람들이 자기 말에 동의하지
않을 것을 우려해서 한나라
사람들의 지지를 얻기 위해…
'존한'[40]의 깃발을 내걸었다.
주사오허우(朱紹侯)
《중국 고대사(中國古代史)》

지지를 얻기 위해
이름도 '한'으로 내걸었어.

이게 바로 역사에서
'유한(劉漢)'이라고 불리는 정권이야.

(유연은) 국호를 '한'으로 하고,
자신은 한왕이라고 칭했다.
주사오허우(朱紹侯)
《중국 고대사(中國古代史)》

유한을 세운 사람은 유연이었다….
장다런(降大任)《산서사강(山西史綱)》

---

39) 오환(烏桓) : 동호(東胡)족 중 하나. - 역주.
40) 존한(尊漢) : 한나라를 받들다. - 역주.

진 황조의 무능함에
천하 백성들의 원망이 쌓인 지 오래라

(진나라는) 그 뒤에,
특히 '팔왕의 난' 이후에
백성들이 겪는 고통이
날이 갈수록 심해졌다…
당시 계급 간 갈등은
이미 첨예화되어 갔다.

탕창루(唐長孺)
《위진남북조수당사 강의
(魏晉南北朝隋唐史 講義)》

유연에게 의탁하는 사람들이
매우 많았다. 이들은 모두 오랫동안
북방 지역에 살던 흉노족과
다른 각 민족 사람들로, 대부분
산서(山西) 지역의 소작농이나 노비였다.

탕창루(唐長孺)《위진남북조수당사 강의
(魏晉南北朝隋唐史 講義)》

유연이 거사를 일으키자
각 민족 백성들이 옹호했다….

군사과학원(軍事科學院)
《중국 군사 통사(中國軍事通史)》

유한 정권은 등장하자마자
각 민족의 지지를 얻었어.

유연 고양이의 세력은
순식간에 엄청나게 강해졌지.

20일 만에 군대가
5명 명에 달했다.

군사과학원(軍事科學院)
《중국 군사 통사(中國軍事通史)》

한나라 유연이 진(晉)나라를 멸하다

그는 대군을 이끌고
끊임없이 진나라를 향해 진격했어.

유연은 왕미(王彌)를 청(青)과 서(徐)
두 주의 주목(州牧)으로 임명했다…
한때, 서진의 요충지인 허창을
공격해 진입했고, 그중 선봉대는
서진 정부의 소재지인
낙양성 아래까지 나아갔다.

왕중뤄(王仲犖)
《위진남북조사(魏晉南北朝史)》

당시 진나라는 이미 내부 소모가
심각해 빈 껍데기뿐인 상태여서,

(진나라) 내부 사람들의 마음이
모두 흩어져 돌이킬 수 없었다.
분열이 심화함에 따라
세력도 점점 약화되었다.

판원란(范文瀾)《중국통사(中國通史)》

사나운 기세의 유한군에
전혀 대항할 수 없었지.

석륵[41]이 허창에서부터 추격해 진나라
군대를 대파했다… 진나라 군대는
만여 명에 달했으나 그중 화를
입지 않은 이가 없었고, 왕공과
대신 역시 모두 포로가 되었다.
이때 진나라 황실은 모든 무력을
상실한 것이나 다름없었다.

푸러청(傅樂成)《중국통사(中國通史)》

(311년에) 유총[42]은 기회를 틈타
낙양을 공격했다. 진나라 군은
연달아 져서 낙양이 함락되었다…
(316년에) 유요[43]가 다시 장안을 공격했다.
진나라 군은 식량이 떨어져 궁핍했고,
난처해진 진 황제는 항복했다.
(주석 – 수도인 낙양 함락 뒤,
진나라 조정은 장안으로 수도를 옮겼다.
장안이 함락된 뒤 진나라는 망했다.)

푸러청(傅樂成)《중국통사(中國通史)》

6년도 되지 않아
수도를… 유한에게 점령당했어.

남은 고양이들은 남쪽으로 도망쳐
다시 정권을 일으킬 수밖에 없었지.

진나라가 멸망하고,
사마 씨는 강남에서
다시 정권을 일으켰다.

주사오허우(朱紹侯)
《중국 고대사(中國古代史)》

---

41) 석륵(石勒) : 갈족 출신. 유연 휘하 장수로 활약. 이후 오호십육국 후조(後趙)의 시조가 됨. – 역주.
42) 유총(劉聰) : 유연의 4남. – 역주.
43) 유요(劉曜) : 유연의 사촌 형제의 아들. – 역주.
44) 건강(建康) : 지금의 장쑤(江蘇)성 난징(南京)시. – 역주.

한나라 유연이 진(晉)나라를 멸하다

이때부터, 진나라의 역사는 두 동강 났어.

원래의 진 황조를 '서진(西晉)'

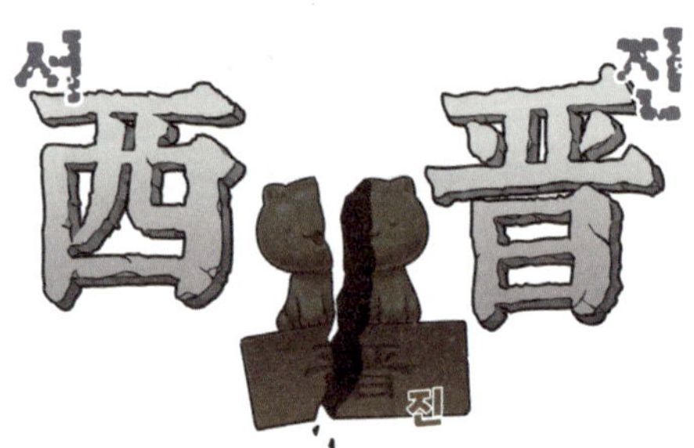

사마염은 서기 265년에
위(魏)를 대신해 스스로를
황제라고 칭하고 국호를
진(晉)으로 바꿨으며 낙양을
수도로 삼았다. 역사에서는
이를 서진(西晉)이라고 불렀다.

탕창루(唐長孺)
《위진남북조수당사 강의
(魏晉南北朝隋唐史 講義)》

서진이 멸망한 뒤, 사마 씨 정권은
건강(지금의 난징)으로 옮겨갔다.
역사에서는 이를 동진(東晉)이라고
불렀다. 낙양이 서쪽에,
건강이 동쪽에 있었기 때문에
서진, 동진이라는 명칭이 생겨났다.

탕창루(唐長孺)
《위진남북조수당사 강의
(魏晉南北朝隋唐史 講義)》

남쪽으로 도망친 뒤를
'동진(東晉)'이라고 불러.

나머지 북쪽 대지는 호족이 점령했어.

북방의 중요 전략 지역은
대부분 호족 세력
범위 내에 있었다.

푸러청(傅樂成)

《중국통사(中國通史)》

그때부터 중국 대륙은
남북 양측이 서로 대립하게 되었지.

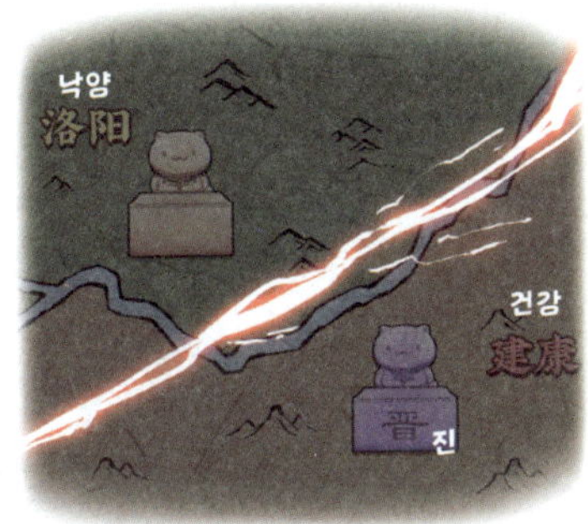

진나라 종실 중
낭야왕 사마예가[45]… 황위에 올랐고,
원년을 태흥(太興)으로 바꾸고
원제(元帝)가 되었다. 이때부터의
진 황실이 이끄는 동진은
강 좌측 지역에 안주했고 북방의
호족 국가와 대립하게 되었다.

푸러청(傅樂成) 《중국통사(中國通史)》

여러 부족이 결합한 정권이었지만
호족은 서로 단합하지 않았어.

한나라가 서진을 멸망시켰으나
직접 통치하는 지역이 크지 않았다…
유요는 관중[46]을 지켰고, 석륵은
하북(河北)을 할거[47]했다. 그들은 명목상
한나라에 속했으나 독립 세력이었다.
이 외에 산서 북부의 서진 잔여 세력
유곤(劉琨), 요동(遼東)의 선비족 모용부[48] 등…
한 정권은 견고하지 않았다.

탕창루(唐長孺)

《위진남북조수당사 강의(魏晉南北朝隋唐史 講義)》

---

45) 사마예(司馬睿) : 사마주의 손자. – 역주.
46) 관중(關中) : 지금의 산시(陝西)성 웨이허(渭河) 유역 일대. – 역주.
47) 할거 : 땅을 나눠 차지하고 굳게 지킴. – 편집자 주.
48) 모용부(慕容部) : 오호십육국 시대 선비족의 일파. – 역주.

한나라 유연이 진(晉)나라를 멸하다

분쟁의 중심에 선 다섯 부족은
이후 잇따라 정권을 세웠지.

(오호)는 북방에 연달아
10여 개의 국가를 세우고
남방의 정통 한족 정권과
대립했다.
푸러청(傅樂成) 《중국통사(中國通史)》

한순간에 세력이 분산되어 맞서는 구도가 되었고…

그 가운데 비교적 강력한
16개의 정권이 등장했어.

…는 흉노족이 세운 전조(前趙),
북량(北涼), 하(夏), 갈족이
세운 후조(後趙),
선비족이 세운 전연(前燕),
후연(後燕), 남연(南燕), 서진(西秦),
남량(南涼), 강족이 세운 후진(後秦),
저족이 세운 전진(前秦), 후량(後涼),
성(成)(즉, 한(漢)), 그리고
한족이 세운 전량(前涼),
서량(西涼), 북연(北燕)이었다.
푸러청(傅樂成) 《중국통사(中國通史)》

이게 바로 역사에서 말하는
'오호십육국(五胡十六國)'이야.

십육국 정권이 대부분
흉노 갈, 선비, 저, 강 5개
소수민족의 상위층들에 의해
세워졌기 때문에 역사에서는
이를 '오호십육국'이라고 불렀다.
주사오허우(朱紹侯)
《중국 고대사(中國古代史)》

그렇게 중국 대륙 전체가
다시금 새로운 분열 국면에 빠졌어.

북방에서…
각각의 소수민족 상위층들과
한족 관료인 지주들이
혼전과 할거 중에
각자 정권을 세웠다.
주사오허우(朱紹侯)
《중국 고대사(中國古代史)》

이 혼란스러운 상황을 또 누가 타파하게 될까?

이어서 계속

한나라 유연이 진(晉)나라를 멸하다

편집자의 말 ◇◇◇◇◇◇◇◇◇◇◇◇◇◇◇◇◇◇◇◇◇◇◇◇◇◇

　　서진은 265년에 건국되어 317년에 멸망했고, 총 4명의 황제를 거쳤다. 중국을 통일했던 진무제 사마염이 죽고, 뒤이어 바보 황제와 권력을 마구 휘둘렀던 황후가 등장했으며, 팔왕의 난과 백성들의 봉기가 잇따라 터지면서 100여 년에 달하는 혼전의 서막이 열렸다. 과연 이 시대를 어떻게 바라봐야 하는가는 여전히 역사학계의 논쟁거리로 남아 있다. 결과가 어찌 되었든 간에, 모두가 인정하는 하나의 관점은 바로 이 시기를 단순한 '암흑기'로 요약해버릴 수는 없다는 점이다. 분쟁과 할거의 시대 속에서도 결합과 융합이 잉태되었으며, 요동치는 난세 속에서도 풍류를 겨루고 재능이 발전하는 모습이 나타났다. 또한, 이 시기는 훗날 수당(隋唐) 태평성대의 밑거름이 되었으며, 중국 문화에서도 빼놓을 수 없는 부분이 되었다. 민족의 융합, 문명의 변화와 발전, 그리고 계승 등 다각도에서 바라볼 때 우리는 비로소 이 역사를 더욱 폭넓게 이해할 수 있다.

참고 문헌 : 《진서(晉書)》, 판원란(范文瀾) 《중국통사(中國通史)》, 푸러청(傅樂成) 《중국통사(中國通史)》, 바이서우이(白壽彝) 《중국통사(中國通史)》, 주사오허우(朱紹侯) 《중국 고대사(中國古代史)》, 탕창루(唐長孺) 《위진남북조수당사 강의(魏晉南北朝隋唐史 講義)》, 왕중뤄(王仲犖) 《위진남북조사(魏晉南北朝史)》, 장다런(降大任) 《산서사강(山西史綱)》, 군사과학원(軍事科學院) 《중국 군사 통사(中國軍事通史)》

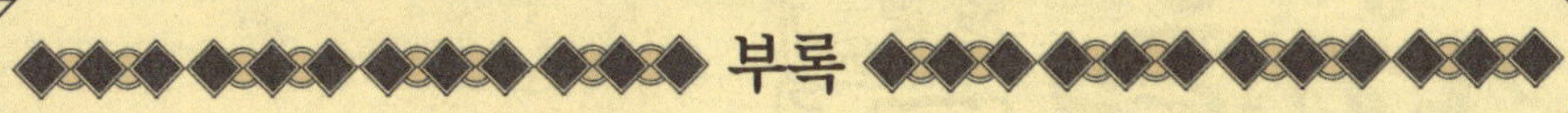

모든 것이 하늘의 뜻

《진서》의 기록에 따르면, 유연이 태어날 때 그의 왼손에서 글자 '연(淵)'의 문양이 보였다고 해. 그의 아버지는 이를 하늘의 뜻으로 여겨 바로 그 글자로 그의 이름을 지었어.

긴 가슴털

유연은 명치에 빨간 털이 세 가닥 나 있었는데, 그 길이가 대략 1미터 정도 되었다고 해. 그 때문에 유연을 아는 사람은 모두 그가 평범한 인물이 아니라고 생각해서 그를 매우 존경했어.

선조를 모시다

유연은 '한(漢)'이라는 이름으로 건국하기 위해 자신의 유(劉) 씨 조상 8명을 찾아 정중하게 위패를 세워 모셨어. 그중에는 한고조(漢高祖) 유방(劉邦)과 촉한(蜀漢) 소열제(昭烈帝) 유비(劉備)도 있었지.

야옹이들의 프로필

<승리의 헤어 스타일>

<그리움>

튀긴 꽈배기
MENGXIA
BASKETBALL
MENGXIA
사수자리

생일 : 12월 5일
키 : 185cm
좋아하는 과목: 국어

(인간 튀긴 꽈배기 소개)

제 68 장

전진의 전성기를 이끈 부견

진 황조가 전복되고,

서기 316년, 유총이 유요를 보내
장안을 공격하게 했고, 민제[49]가
항복했다. 진 황조의 북방에서의
정권은 무너지고, 서진은 멸망했다.
(주석 – 유총은 유한의 개국 황제 유연의
넷째 아들이고, 유요는 유연의
사촌 형제의 아들이다.)

바이서우이(白壽彝)《중국통사(中國通史)》

남은 세력들은 남쪽으로 도망쳐 몸을 숨겼어.

서진이 멸망한 뒤,
사마 씨의 정권은 동쪽으로
옮겨 가 동남쪽에 안주했다.
역사에서는 이를
'동진'이라고 불렀다.

바이서우이(白壽彝)

《중국통사(中國通史)》

그러면 북쪽은?

---

49) 민제(愍帝) : 서진의 마지막 황제 사마업(司馬鄴). – 역주.

서기 316년에
장안이 함락되고 서진이 멸망했다.
당시 북방의 형세는
매우 혼란스러웠다….

탕창루(唐長孺)
《위진남북조수당사 강의
(魏晉南北朝隋唐史 講義)》

호족 고양이들이 잇따라
수많은 정권을 세웠고,

북방에 유연이 건국한 이래로…
각각의 소수민족의 상위층이…
혼전과 할거 중에
각자 정권을 세웠다.

주사오허우(朱紹侯)
《중국 고대사(中國古代史)》

그중에 앞장서서 진나라를 멸했던
유한 정권이 한때 잘나가는 듯했으나,

유총이 서진을 멸망시킨 뒤,
한나라는 황하 중하류의
광범위한 지역에서…
40여만 가구의 한족을 다스렸다…
흉노족을 포함한 20여만 부락의
소수민족 백성을 다스렸다.

주사오허우(朱紹侯)
《중국 고대사(中國古代史)》

전진의 전성기를 이끈 부견

나중에 결국 신하들에 의해 멸망당했고…

흉노 유 씨 정권은
건흥(建興) 4년에 장안을 격파해
서진 정권을 멸망시킨 뒤,
한때 중원의 광범위한 대지의
공동 주인이 되었으나…
중원 지역의 군사 형세의
발전에 따라 북방에는
여러 지방 할거 세력들이 생겨났다.

군사과학원(軍事科學院)
《중국 군사 통사(中國軍事通史)》

이어진 수십 년 동안
신하들은 각자 파벌을 만들어 서로 싸웠어.

어제의 신하가 오늘의 황제가 되고,

유총이 죽고 나서…
일부 대신들은 평양(平陽)에서
도망쳐 장안을 지키던
유요를 황제로 옹립했다.

주사오허우(朱紹侯)
《중국 고대사(中國古代史)》

새로운 황제는 다시 새로운 신하에 의해
끌어내려지는 그런 모양새였지.

유요는…
동방의 석륵(과거 유한의 장군)과
빈번하게 전쟁을 벌였고,
결국 328년 성고(城皐)에서의
한 차례 교전 중
석륵에게 포로로 잡혔다.

주사오허우(朱紹侯)

《중국 고대사(中國古代史)》

석호(石虎)(석륵의 계승자)는
서기 334년 말 혹은
335년 초에 황위를 차지해
서기 349년에 죽었다.
재위 기간은 15년이었다.
이 15년은 중원의 백성들이
도탄에 빠졌던 시간이었다….
서기 349년에 석호가 죽자
여러 아들들이 정권을 차지하려
서로 죽고 죽였다.

바이서우이(白壽彝)

《중국통사(中國通史)》

휴… 아무튼 이런 상황은
쉬지 않고 계속되었어….

하지만, 결국에는 두 나라가 두각을 드러냈는데,

전진의 전성기를 이끈 부견

전진은 저족의 족장 부건(符健)이…
아버지 부홍(符洪)의 부하들을 이끌고 351년에
세운 정권이었다. 전진은 장안을 수도로
삼고… 후조가 와해된 이후 선비족 모용부가
화북(華北)에 세운 전연이 동서로 갈라졌다.
(주석 - 전진의 국호는 '진(秦)'으로, 다른 진(秦)
정권과 구분하기 위해 사학계는 이를 '전진'이라고
불렀고, 전연도 같은 이유였다.
독자의 이해를 돕기 위해 이 책에서는
일괄적으로 '전진', '전연'으로 표기했다.)

고단샤 《중국의 역사 5
– 중국의 붕괴와 확장 : 위진남북조
(中國的歷史5 – 中華的崩潰與擴大 : 魏晉南北朝)》

그게 바로 전진과 전연이야.

세력으로 보자면,
전연은 이미 북방의 강호였으나,

북방의 전연,
전진 두 나라 중
인구, 영토 모두
전연이 전진을 앞섰다.

바이서우이(白壽彝)
《중국통사(中國通史)》

전진은
이제 막 쫓아 올라온 신예였어.

모용각50)이 정권을
잡은 기간에 전연 정권은
비교적 안정적이었다.
같은 시기의 전진 정권
역시 상승하고 발전했다.

군사과학원(軍事科學院)
《중국 군사 통사(中國軍事通史)》

---

50) 모용각(慕容恪) : 전연의 초대 황제 모용황(慕容皝)의 4남. – 역주.

어른들이 늘 젊은 사람들을 얕보는 것처럼,

전연은 확실히 전진을
그다지 신경 쓰지 않았지.

당시 중국의 북방에는
전연과 전진이 동서로 대립한
국면이 형성되어 있었다.
모용준(전진의 황제)[51]이 중원을
통제한 뒤 동진과 전진으로 진격해
두 나라를 멸하고 한 번에 천하를
통일할 준비를 하고 있었다.

군사과학원(軍事科學院)
《중국 군사 통사(中國軍事通史)》

전진의 군주는…
정치를 청렴하게 하고,
사회와 경제를 발전시켜
국력을 나날이 진보시켰다.

군사과학원(軍事科學院)
《중국 군사 통사(中國軍事通史)》

하지만 한 고양이의 등장이
이 국면을 바꿔 놓았어.

---

51) 모용준(慕容儁) : 전연의 2대 황제. ― 역주.

전진의 전성기를 이끈 부견

부견의 자는 영고(永固)이고,
다른 이름은 문옥(文玉)이며…
학식이 해박하고 다재다능하며,
세상을 다스리고 백성을 구제하고자
하는 원대한 포부가 있었다.
영웅호걸과 교제해 천하를 다스릴
적절한 전략을 모색하고자 했다.
《진서·재기 제13(晉書·載記第十三)》

역사서에 보면 부견 고양이가 태어날 때
하늘에서 신비로운 빛을 비추고,
눈은 보라색으로 빛났다고 해.

그(부견)의 어머니 구(苟) 씨는
한때 장수(漳水)에 놀러 갔다가
서문표(西门豹) 사당에서 자손을
기원했는데, 그날 밤 그녀는
신과 교합하는 꿈을 꾸었고,
그로 인해 임신해 열두 달 뒤
부견을 낳았다. 신비로운 빛이
하늘에서 그의 집 정원을 비쳤다…
팔은 늘어뜨리면 무릎 아래까지
내려왔고, 눈에서 보라색 빛이 났다.
《진서·재기 제13(晉書·載記第十三)》

그는 술과 싸움을 즐겼던
다른 호족 고양이와 달리,

(부홍이) 말하길
"너는 융적[52]과 같은
소수민족으로,
세상 사람들은 모두 이들은
술밖에 마실 줄 모른다고
생각하거늘…."
《진서·재기 제13
(晉書·載記第十三)》

---

52) 융적(戎狄) : 서쪽과 북쪽 이민족을 일컫는 말. – 역주.

어려서부터 공부를 좋아해서

(부홍이) 말하길
"… 지금 (부견은) 공부를
하러 온 것인가?"
《진서·재기 제13
(晉書·載記第十三)》

여덟 살 때 먼저 과외 선생님을 요청했으며,

여덟 살 때
스승을 집으로 모셔
가르침을 받기를 청했다.

《진서·재기 제13
(晉書·載記第十三)》

열세 살 때 이미 장군이 되었지.

열세 살에
부건은 부견을
용양장군(龍驤將軍)에
임명했다.

바이서우이(白壽彝)
《중국통사(中國通史)》

전진의 전성기를 이끈 부견

게다가 호족 고양이 출신임에도
한나라 문화를 매우 존중했고,

부견은
유학을 매우 사랑했고…
학교를 세우고,
검소한 행실을 표창했다.
푸러청(傳樂成)
《중국통사(中國通史)》

언젠가 스스로
천하를 통일할 날을 꿈꿨어.

부견은 '혼일사해'[53]의
생각이 강했는데, 당시 진(秦)의
동쪽에는 연(燕)이 있고,
서쪽에는 량(凉)이 있었으며,
남쪽에는 진(晉),
북쪽에는 선비족 탁발(拓跋) 씨의
대(代)가 있었다. 이들은 모두
그가 '혼일(통일)'해야 한다고
생각한 대상이었다.
푸러청(傳樂成)《중국통사(中國通史)》

이 설정만 봐도
딱 '패왕이 될 상'이잖아!

서통[54]이
주변 사람에게 말하길,
"이 아이는
패왕의 상을 가졌소."
《진서·재기 제13
(晉書·載記第十三)》

---

53) 혼일사해(混一四海) : 천하통일과 같은 의미. – 역주.
54) 서통(徐統) : 후조(後趙)의 대신. - 역주.

음… 하지만 안타깝게도…
그는 황제 역할을 따내지 못했어….

당시 전진의 우두머리는
사실 그의 사촌 형이었는데,

부견은… 백부인 부건(苻健)
(전진의 개국 황제)이…

바이서우이(白壽彝)《중국통사(中國通史)》

부생(苻生)의 자는 장생(長生)이고
부건의 셋째 아들이었다…
부건이 죽자 황위에 올랐다….

《진서·재기 제12(晉書·載記第十二)》

그 사촌 형은 성격이 포악해서

부생은
유명한 폭군으로,
성격이 잔인했고,
잔혹한 형벌과
극형을 내렸다….

바이서우이(白壽彝)
《중국통사(中國通史)》

* 도매 : 도시락을 여러 개 판다는 의미는 사람들을
많이 죽인다는 뜻.

전진의 전성기를 이끈 부견

걸핏하면 대신들을 죽였고

(부생은) 사람을 이유 없이 죽였고,
자주 활을 당기고 칼을 드러낸 채
조정의 신하들을 접견했으며,
망치, 집게, 톱, 끌 등을
모두 준비해 좌우에 두었다.

《진서·재기 제12(晉書·載記第十二)》

전진 수광(壽光) 2년(356년) 6월의
어느 깊은 밤, 부견은 부생의
시녀가 전해 온 밀서를 받았는데,
이는 날이 밝으면 부생이 그와
그의 서형(庶兄)이자 청하왕(淸河王)인
후장군 부법(苻法)을 독살하려
한다는 내용이었다.

바이서우이(白壽彝)

《중국통사(中國通史)》

심지어… 부견 고양이도
제거하고 싶어 했지.

하지만 아쉽게도 부견 고양이의
눈과 귀가 조정 곳곳에 있어서…

시중, 상서(尙書) 여파루(呂婆樓),
특진 광록대부(光祿大夫) 강왕(強汪),
특진 영어사중승(領御史中丞)
양평로(梁平老) 등은 부견의 든든한
보좌진이었고, 설찬(薛讚)과
권익(權翼) 두 사람은 그의 심복이었다.
궁중 시종들 중에서도
그의 눈과 귀의 역할을 하는
이가 적지 않았다.

바이서우이(白壽彝)

《중국통사(中國通史)》

사촌 형이 움직이기 전에

부견에게 제거당했어.

때가 임박했고 한 치의 망설임도
용납되지 않았다. 부견 형제는
곧장 행동을 취하기로 결정했다…
부하 300여 명을 이끌고 북을 치고
함성을 지르며 진격했다.
궁 안의 숙위병들은 폭군을 위해
목숨을 바치길 원하지 않았기에
너도나도 등을 돌렸다. 부견은
손쉽게 궁 안으로 쳐들어가
아직 술에 취해 있었던
부생을 처단했다.

바이서우이(白壽彝)

《중국통사(中國通史)》

장애물이 없어진 부견 고양이는
비로소 '세계 정복'의 자격을 얻었지.

전진 수광 2년(356년)에…
부견이 황위를 적자 계승했다.
황제의 칭호를 버리고
대신천왕(大秦天王)이라고 칭했으며,
원년을 영흥(永興)으로 바꿨다.

바이서우이(白壽彝)

《중국통사(中國通史)》

전진의 전성기를 이끈 부견

국력을 강화하기 위해 그는 한나라가 나라를
다스리던 방식을 가져와 시행하기 시작했어.

한학(漢學)을 수양한 부견은
즉위했을 때부터 한족의
전통적인 정치 방식을 따랐고,
그 과정에서 부견의 정치를 도운
한족 대부 왕맹(王猛)이
중요한 역할을 담당했다.

고단샤 《중국의 역사 5 -
중국의 붕괴와 확장 :
위진남북조(中國的歷史 5 -
中華的崩潰與擴大 : 魏晉南北朝)》

왕맹을 시중, 중서령,[55] 경조윤[56]에
임명했다. 특진 강덕(强德)은 부견의
처남으로 술에 취하면 자신의
세력을 믿고 잔악무도하게 굴어
백성들에게 재앙이었다.
왕맹은 그를 체포하고 처형했으며
그의 시신을 길거리에 전시했다…
수십 일 동안 처형당한 황제의 친인척,
세도가가 스무 명이 넘었다.

《진서·재기 제13(晉書·載記第十三)》

정치적으로는 횡포를 부리던
귀족들을 처단했고,

경제적으로는 농업 경제를 발전시켰으며

경제적으로는
농업 생산을 중시했다.
전진은 자주 관리를 파견해
군국들을 순찰하고, 농업과 양잠업을
장려 및 감동했다. 또한, 산과 강을
개방해 백성들의 채집과
어획을 허용했다.

주사오허우(朱紹侯)
《중국 고대사(中國古代史)》

---

55) 중서령(中書令) : 지금의 비서실장에 준하는 중국 고대 관직. - 역주.
56) 경조윤(京兆尹) : 지금의 수도 시장에 준하는 중국 고대 관직. - 역주.

군사적으로는 세력을 적극적으로 확장시켰지.

부견이 삭방(朔方)으로 진격해
항복한 흉노족을 안정시키고
유위진(劉衛辰)을 하양공(夏陽公)에,
조고(曹轂)를 안문공(雁門公) 봉해
옛 부하들을 통솔하게 했다.

바이서우이(白壽彝)
《중국통사(中國通史)》

게다가 끊임없이
자신을 홍보해서 명성을 쌓았어.

(부견은) 나라를 멸망시킬 때마다
그 나라의 군신 모두에게
관직과 작위를 내려
옛 부하들을 통솔하게 함으로써
관대함을 보였다.

푸러청(傅樂成)
《중국통사(中國通史)》

서기 357년에
부견이 즉위한 이래로…
그 10여 년 동안, 전진 내부에는
상대적으로 안정적인 환경이
조성되었고, "관중 지역의 사회가
안정되고, 백성이 풍요롭고
즐거웠다."…
일종의 '소강'[57] 분위기가 나타났다.

왕중뤄(王仲犖)
《위진남북조사(魏晉南北朝史)》

10여 년 동안,
전진의 국력은 끊임없이 강해졌지.

---

57) 소강(少康) : 먹고 살 만하다. - 역주.

전진의 전성기를 이끈 부견

반면 라이벌 **전연**은,

연나라의 정치 상황은
정확히 진나라와 반대였다…
역사에서는 이를 "왕족과
귀족들이 나라의 호적에
등록되지 않은 많은 백성을
거느렸다. 나라 호적에 등록된
백성이 사가에서 거느리는
백성보다 적었다. 나라의 곳간이
비고 재정이 부족했다.",
"백성은 피곤하고 피폐했고,
도적이 들끓었으며, 기강이
퇴폐해지고 문란해짐에도
이를 감독하거나
기록하지 않았다."라고 표현했다.

바이서우이(白壽彝)
《중국통사(中國通史)》

음… 아주 난리통이었어….

이런 정반대의 상황에서,
부견 고양이의 대군은
정식으로 진격하기 시작했지.

건원(建元) 5년(369년)…
그해 12월에 전진과 전연 사이에
전쟁이 발발했다…
서기 370년, 부견이 왕맹을
진남장군 양안(楊安),
등강(鄧羌) 등에게 보내 보병과
기병 6만으로 전연을
공격하게 했다.

바이서우이(白壽彝)
《중국통사(中國通史)》

전연의 입장에서 볼 때,
그들은 너무 압도적이어서…

전연의 군사들은
애초에 싸울 마음이 없었고,
전진 군의 용맹한 기세를 보고
잇따라 패퇴했다.

바이서우이(白壽彝)
《중국통사(中國通史)》

전쟁 과정에서 전연은
흠씬 두들겨 맞는 동시에,

전연은 이미
솥에 담긴 물고기와 같이
저항할 능력을 완전히 상실했다.
부견의 대군이 성 아래에 당도하자
성안은 순식간에 산산이 무너졌나.

바이서우이(白壽彝)
《중국통사(中國通史)》

전진의 전성기를 이끈 부견

끊임없이 궁지에 몰렸어.

전연의 산기랑(散騎郎) 여위(余蔚)가
업성에 남은 각지의 인질 500여 명이
반란을 일으켜 밤 중에 업성의
북문을 열고 전진 군을 맞이했다….

바이서우이(白壽彝)
《중국통사(中國通史)》

휴… 정말이지 너무 서러웠지….

1년이라는 시간 만에
전연은 전멸되고 말았어.

370년,
전진은 전연을 멸망시키고
모용위[58]를 포로로 잡았다.

주사오허우(朱紹侯)
《중국 고대사(中國古代史)》

---

58) 모용위(慕容暐) : 전연의 3대 황제. ─ 역주.

어제의 최강국이
부견 고양이의 검 아래 무너졌고,

전연이 멸망했다.
전연의 군수(郡守)들,
여섯 민족의 우두머리들이
모두 진에 항복했다.
진나라는 총 157개 군,
246만 가구, 99만 명의
백성을 얻었다.

군사과학원(軍事科學院)
《중국 군사 통사(中國軍事通史)》

주변의 다른 소국들 역시 그와 맞설 힘이 없었기 때문에,

소소한 반항 끝에 잇따라
굴복해 신하가 되었지…

전진이 전연을 무너뜨린 뒤,
이듬해, 즉 서기 371년에 구지의
저족 양 씨를 멸망시켰다.
서기 373년에 서남쪽의 이민족인
공착과 야랑(夜郎) 모두 전진에
속하게 되었다. 서기 376년에
전량을 멸망시켰다. 같은 해에
선비족 탁발 씨의 내란을 틈타
대나라 또한 멸망시켰다.

바이서우이(白壽彝)《중국통사(中國通史)》

전진의 전성기를 이끈 부견

그렇게 북방의 대지는 모두 전진에 귀속되면서,

부견은 구지의 양 씨,
전량의 장(張) 씨,
대나라의 탁발 씨를
연달아 멸망시킨 뒤
북방을 완전히 통일했다….
군사과학원(軍事科學院)
《중국 군사 통사(中國軍事通史)》

남북은 진정한
양자 대립 구도를 갖추게 되었어.

…동진에 대립하는
북방의 강력한 정권이
형성되었다.
군사과학원(軍事科學院)
《중국 군사 통사(中國軍事通史)》

한편, 북방의 크고 작은 정권들이
전진에 의해 합병되기는 했지만,

전진이 북방의 할거 정권을
합병하긴 했지만,
이러한 통일은 순수하게
군사적 정복일 뿐이었다….

군사과학원(軍事科學院)

《중국 군사 통사(中國軍事通史)》

당시 민족 간의 갈등이
매우 첨예했던 상황에서,
일시적으로 그를 따랐던
일부 소수민족들은 여전히
다른 마음을 품고 있었다.
그들은 늘 모두 전진에게서
벗어나 독립적으로 발전할
방법을 모색했다.

군사과학원(軍事科學院)

《중국 군사 통사(中國軍事通史)》

'정복'당한 신하들은
표면적으로만 충성할 뿐이었는데,

한 시대의 뛰어난 군주였던 부견 고양이는
통일이라는 대업을 순조롭게 이룰 수 있었을까?

당시 전진의 통치에서
벗어나 있던 곳은 강 동남쪽에
치우쳐 있던 동진뿐이었다.
부견이 직접 지휘하던 병력이
매우 강해 동진을 멸하고
전국 통일을 완성하고자 했다.

바이서우이(白壽彝)

《중국통사(中國通史)》

이어서 계속

전진의 전성기를 이끈 부견

편집자의 말 ◇◇◇◇◇◇◇◇◇◇◇◇◇◇◇◇◇◇◇◇◇◇◇◇◇◇◇◇◇◇◇◇◇◇

　　부견의 꿈은 '천하를 통일해 백성을 구제하는 것'이었다. 이 꿈을 실현하기 위해 그는 전진을 이끌고 북방을 통일했을 뿐만 아니라, 포용하는 태도로 그의 신생 다민족 정권을 다듬어 하나로 만들고자 했다. 그는 유가의 문화를 적극적으로 널리 알리고, 조정에서 한족 사인[59]의 지위를 높였으며, 한족 전통의 국가 의례를 시행해 점차 나라 안의 호족과 한족의 차이를 좁혔다. 부견은 당시 갈등 상황이 두드러졌던 각 호족들도 함께 발전할 수 있도록 했다. 치열한 다툼 당시 호족 간에는 하나의 민족이 참혹하게 죽는 끔찍한 사건이 자주 일어났지만, 부견은 북방을 통일한 뒤 선비족을 받아들이고, 투항한 강족, 걸(羯)족을 우대했으며, 그들을 수도 주변으로 이주시켜 다스림으로써 갈등을 없애고 적대 관계를 완화시키려 했다. 역사 발전이라는 객관적 측면에서 볼 때, 이런 방식이 민족의 융합을 촉진했음에는 이견이 없다. 다만 일부 호족들이 부견의 이상에 완전히 동의하지 않았고, 그 점이 전진의 발전에 우환을 남겼다는 맹점이 있었다….

부견 역 - 전병

참고 문헌 : 《진서(晉書)》, 고단샤 《중국의 역사 5 - 중국의 붕괴와 확장 : 위진남북조(中國的歷史5 - 中華的崩潰與擴大 : 魏晉南北朝)》, 푸러청(傅樂成) 《중국통사(中國通史)》, 바이서우이(白壽彝) 《중국통사(中國通史)》, 주사오허우(朱紹侯) 《중국 고대사(中國古代史)》, 왕중뤄(王仲犖) 《위진남북조사(魏晉南北朝史)》, 군사과학원(軍事科學院) 《중국 군사 통사(中國軍事通史)》, 탕창루(唐長孺) 《위진남북조수당사 강의(魏晉南北朝隋唐史 講義)》

───────────

59) 사인(士人) : 지식인. - 역주.

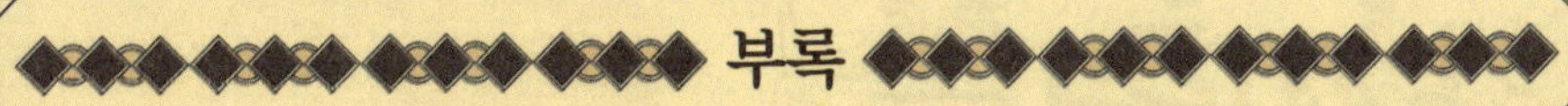

지나친 너그러움

부견은 매우 너그러워서 부하 장수가 반역을 꾀하는 죽어 마땅한 중죄를 저질러도 용서해주었어. 심지어 너무 아무렇지 않게 그 부하가 계속 병권을 관리하도록 해주었지.

솔선수범

어느 해에 전진에 큰 가뭄이 들어 농지의 수확이 좋지 않자, 부견은 직접 괭이를 메고 밭으로 나가 농사를 지었고, 황후로 하여금 근교에서 누에를 치게 했어. 이를 통해 백성들이 어려움을 극복하도록 격려한 거야.

죽도록 취하다

부견의 사촌 형은 부견이 궁으로 쳐들어왔을 때도 정신없이 술에 취해 있었어. 그는 무슨 일이 일어나고 있는지 이해할 새도 없이 죽임을 당했지.

야옹이들의 프로필

<속상한 전병> <만남>

전병
물고기자리
생일 : 3월 3일
키 : 182cm
좋아하는 과목: 미술
(인간 전병 소개)

전병의 게임 존
Jianbing's Game Zone

제 69 장

비수대전

서기 4세기,

천하가 두 진영으로 나뉘었어.

> (376년) 부견은
> 내부의 탄탄한 힘을 바탕으로
> 각각의 할거 정권들을
> 차례로 무찔러 북방을 통일했고,
> 강남의 동진 정권과
> 남북 대립 국면을 형성했다.
>
> 바이서우이(白壽彝)
> 《중국통사(中國通史)》

> 317년, 진민제가 투항했다…
> 사마예가 진왕(晉王)에 올랐다가
> 이듬해 황제에 올랐다.
> 수도는 건강(지금의 난징)에 세웠다.
> 역사에서는 이를 동진이라고 한다.
> 동진 정권은 남북 사대부의
> 지원을 받아 세워진 일부 지방에
> 안주한 정권이었다.
>
> 주사오허우(朱紹侯)
> 《중국 고대사(中國古代史)》

남쪽에는 '개똥밭에 굴러도
이승이 좋다'라는
마음으로 버티는 동진이,

북쪽에는 호족 고양이들 간의
패권 다툼에서 승리한 전진이 있었지.

370년,
전진이 전연을 멸망시켰다…
376년, 장 씨의 전량,
선비족 탁발 씨가 대 지역에
세운 대나라도 공격해
멸망시켰고,
북방을 통일했다.

주사오허우(朱紹侯)
《중국 고대사(中國古代史)》

동진 이후…
지식인들은 앞다투어
현학을 논했고, 이는 일종의
사회적 풍조가 되었다.
심지어 사대부들은 현학을
논함으로써 연달아
요직을 차지할 수 있었다.

주사오허우(朱紹侯)
《중국 고대사(中國古代史)》

문화, 예술을 사랑했던 동진과 달리,

전진의 기질은
확실히 더 '진취적'인 느낌이었어.

(전진은) 흉악했던 두 세력을
소멸시키는 데 1년도
채 걸리지 않았고, 100만의 포로,
9,000리의 영토를 얻었다.
이는 전설 속 오제도
복종시키지 못한 숫자였고,
주나라와 한나라도
확장하지 못한 크기였다.

바이서우이(白壽彝)
《중국통사(中國通史)》

우두머리였던 부견 고양이는

제왕 성공학에 심취한 사내로…

부견이 말하길,
"… 그저 천하를 통일해 백성을
구제하고자 할 뿐이다.
하늘이 수많은 백성을 낳아 기름에 있어
군주를 세운 것은 복잡하고 어려운
일을 해결하고, 재난과 반란을
잠재우기 위함인데 어찌 수고를
두려워할까. 짐은 대운의 보살핌을
받았으니 하늘의 뜻에 따라 하늘의
징벌을 집행할 것이다."

《진서·재기 제14(晉書·載記第十四)》

꿈속에서도…
천하통일을 잊은 적이 없었지.

천하를 통일하는 것은
부견의 오래된 소망이었다.

바이서우이(白壽彝)
《중국통사(中國通史)》

---

60) 루쉰, 알리바바, 스티브 잡스를 변형한 표현. – 역주.

19년 동안, 부견 고양이는
북방의 모든 라이벌을 물리치고

서기 357년…
(부견은) 황위에 올랐다…
서기 376년에 전량을 멸해
북방 통일을 실현했다.

바이서우이(白壽彝)
《중국통사(中國通史)》

북방 제패에 성공했어.

이때에 이르러
전진은 전성기에 돌입했다.
전진의 영토는 "동쪽으로는
푸른 바다에 이르고,
서쪽으로는 구자[61]까지
합병했으며, 남쪽으로
양양(襄陽)을 포함했고,
북쪽으로 사막 끝에 이르렀다."

바이서우이(白壽彝)
《중국통사(中國通史)》

이제 다음 스텝은
남방의 동진을 공격하는 것이었지.

전량을 멸망시키고
양주(梁州)와 익주(益州)를 공격해
점령한 뒤, 부견은 한발 더 나아가
강동을 정복하려는 뜻이 있었다.
그는 동진을 대대적으로
토벌하는 일에 대해 마음속으로
결단을 내린 지 오래였고,
이는 바꿀 수 없는 것이었다

왕중뤄(王仲犖)
《위진남북조사(魏晉南北朝史)》

---

61) 구자(龜玆) : 지금의 신장(新疆) 위구르 자치구 쿠처(庫車)현 일대. - 역주.

하지만 그 당시 부견 고양이가
무패 신화를 쓰고 있기는 했어도,

황하 유역과 장강 상류의
드넓은 대지는 이미
그(부견)가 무력으로 정복했다.

왕중뤄(王仲犖)
《위진남북조사(魏晉南北朝史)》

전진의 군사들은… 힘들어 죽기 일보 직전이었어.

게다가 그에게 항복했던 장수들은

겉으로는 신하로서 복종하는 것 같아도,

각 소수민족의 귀족은
전진의 군사적 압력이 두려워
잠시 그를 따랐으나…
군사과학원(軍事科學院)
《중국 군사 통사(中國軍事通史)》

속으로는 다른 마음이 있었지.

…그들은 모두
전진의 통제에서 벗어날 기회를
엿봤고, 자립해 발전하는
방법을 모색했다.
군사과학원(軍事科學院)
《중국 군사 통사(中國軍事通史)》

하지만 대의를 품은 제왕이었던
부견 고양이의 천하 통일에 대한 소망을
꺾을 수는 없었어.

(부견은) 한편으로는 잇따른 승리로 얻은
위세를 뽐내고자 했고…
단번에 동진을 멸하고 그의 "천하를
통일하고 백성을 구제한다"라는
통일의 큰 뜻을 이루고자 했다.
군사과학원(軍事科學院)
《중국 군사 통사(中國軍事通史)》

동진을 토벌하는 문제에 있어…
부견의 생각은 이미 확고해
흔들림이 없었다.
바이서우이(白壽彝) 《중국통사(中國通史)》

그렇게 남방의 동진을 정벌하기 위한
대군이 움직이기 시작했지.

반면 동진은…

동진 정권의 기둥이었던
북방과 강동의 세족 대지주들은
만약 호족이 강을 건너
침입해 온다면 강남에 있는
그들의 농장에서 나오는 이익이
가장 먼저 손해를 입게 될 것을
알았다… 그래서 이를 악물고
함께 대적해야 했다.

왕중뤄(王仲犖)
《위진남북조사(魏晉南北朝史)》

비록 골치는 아팠지만, 뭐 어쩌겠어?

결국 두 나라는 비수[62]라는 강가에서
드디어 만나게 되었어.

(383년) 11월…
두 나라의 군대가 비수에
진을 치고, 강을 사이에 두고
대립했다.

바이서우이(白壽彝)
《중국통사(中國通史)》

이게 바로 역사적으로 유명한
비수대전이야.

서기 383년에 부견은…
동진을 치고자 남하했다.
이 전쟁이 바로 유명한
'비수대전'이다.

탕창루(唐長孺)
《위진남북조수당사 강의
(魏晉南北朝隋唐史 講義)》

거리로 보자면, 비수는 동진과 가까웠어.

---

62) 비수(淝水) : 지금의 안후이(安徽)성 화이(淮)하 지류. - 역주.

100만 명으로 알려진 부견 고양이의 대군은
북방에서 여기까지 온 거지.

부견은 남쪽의 패상[63]을 거닐며
침착하게 신하들에게 말하길
"지금 강력한 군사 100만이 있고,
문신과 장수도 많으니
북을 치며 진격해 아직 남아 있는
동진을 무너뜨리는 것은…"
《진서·재기 제14(晉書·載記第十四)》

음… 거의 산시(陝西)에서
안후이까지 온 셈이야.

(383년) 8월,
부견은 장안에서 출발해…
매우 빠르게 영구(潁口)
(안후이성 잉상(潁上)현 동남쪽)에
도착했다.

주사오허우(朱紹侯)
《중국 고대사(中國古代史)》

병사들이 얼마나 힘들었겠어…

---

63) 패상(灞上) : 지금의 산시성 시안(西安) 동남쪽 지역. - 역주.

게다가 내부의 결속력도
그다지 좋지 않아서,

부견의 군대는
100만이라고 불리기는 했으나
씨족 외에 8에서 9할은
한족 백성과 기타 소수민족
백성이었다. 그들은 강압적으로
징발되어 온 것으로,
애초에 전쟁할 마음이 없었다.

왕중뤄(王仲犖)
《위진남북조사(魏晉南北朝史)》

비수대전에
실질적으로 투입된
군대는 중로군[64]뿐이었다…
부융(苻融)(부견의 동생)이
통솔하던 선봉대 27만이었다.
(주석 - 부융이 이끌던 27만의 군사 중
병력 분산으로 인해 5만이 몰살당했고,
결국 전방에 도착했을 때 남은 병력은
약 22만 정도였다.)

군사과학원(軍事科學院)
《중국 군사 통사(中國軍事通史)》

실질적으로 전투에 참여하기 위해
온 병력은… 20만에 불과했지….

그와 비교했을 때, 동진은

---

64) 중로군(中路軍) : 강을 건너는 전쟁에서의 주력 부대 중 하나로, 적군의 방어선을 돌파하고 적군의
심장부를 치는 중요한 임무를 수행함. – 역주.

비록 8만의 병력뿐이었지만

병사들의 사기가 하늘을 찔렀어!

단지 숫자에서 조금… 밀릴 뿐이었지….

그러면… 어떻게 해야 할까?

(동진은)
8만의 정예병으로 대항했다.
적군과 아군의 병력 차이가
심해 마음이 불안했다.
바이서우이(白壽彝)
《중국통사(中國通史)》

이때,
한 편의 '무간도'*가 시작되었어!

* 무간도: 홍콩 영화, 불교적 의미로는
'끊임없는 고통의 지옥'이라는 뜻.

부견 고양이의 진영에
마침 '못된 놈' 하나가 있었는데,

부견은 상서 주서(朱序)를
동진 군에게 보내
투항을 권했다.
바이서우이(白壽彝)
《중국통사(中國通史)》

그 녀석은 원래 동진에서 투항해온 고양이였지.

주서는 본래
동진 양양의 장수로,
전쟁에서 패해 포로가 되었으나
전진에서 도지상서(度支尙書)에
임명되었다.

바이서우이(白壽彝)
《중국통사(中國通史)》

부견이 주서를 보내
사석을 설득하고 그에게
자기 군대의 위력을
과시하게 했으나
주서는 오히려
사석에게 말하길….

《진서·81(晉書·卷八十一)》

두 군대가 서로 마주치자,
그는 곧장 달려가 정보를 주었어.

전진의 약점을 팔아넘겼을 뿐만 아니라,

부견의 100만 대군이 모두
당도한다면 그 누구도
대항할 수 없을 것입니다.
그들이 아직 모두 모이지
않았을 때를 노려 그들을 치면
바라는 바를 이룰 수
있을 것입니다.

《진서·81(晉書·卷八十一)》

(동진은) 적의 약점을 발견하고
곧장 전략 방침을 조정했다.

군사과학원(軍事科學院)
《중국 군사 통사(中國軍事通史)》

당시, 두 나라는 강을 사이에 두고
서로 마주해 진을 치고 있었는데,

두 나라의 군대가
비수를 끼고 진을 치니
큰 전쟁이 일촉즉발의
상황에 놓였다.

군사과학원(軍事科學院)
《중국 군사 통사(中國軍事通史)》

서로 멀뚱멀뚱 바라만 볼 뿐
뭘 어찌하지 못하고 있었어.

전진의 군대가 비수를 따라
수비하니 동진의 군대가
강을 건널 방법이 없었다.

군사과학원(軍事科學院)
《중국 군사 통사(中國軍事通史)》

그런데 그게… 방법은 아니잖아….

그때, 동진에서 갑자기 '메시지'가 도착했어.

두 군대가 비수를 두고
마주 보며 진을 치고 있을 때,
동진의 대장군 사현(謝玄)은
사람을 시켜 부견에게 고하길…

탕창루(唐長孺)
《위진남북조수당사 강의
(魏晉南北朝隋唐史 講義)》

동진의 군대가 강을 건너가 싸울 수 있도록
부견 고양이가 뒤로 조금만
물러나주면 좋겠다는 내용이었지.

(사현이) 말하길…
군대를 조금만 뒤로 물려
우리가 비수를 건너
결전을 치를 수 있게 해주시오.

탕창루(唐長孺)
《위진남북조수당사 강의
(魏晉南北朝隋唐史 講義)》

누구나 알 수 있듯이
군사들이 강을 건너기
시작하면 공격당할 게 분명한데,

동진이 져주겠다는 건가?

깊이 생각하지 않았던 부견 고양이는
군사들에게 후퇴할 것을 명령했어.

후퇴가 시작되자, 부견의 군사들 사이에 있었던
'못된 놈' 하나가 소리치기 시작했어.

전진의 군대가
막 후퇴하기 시작했을 때,
주서가 갑자기 진영 뒤에서
큰 소리로 급히 외쳤다.
"아군이 패했다!
아군이 패했다!"
바이서우이(白壽彝)
《중국통사(中國通史)》

유언비어가 퍼지자 병사들은 놀라
발바닥에 불이 나도록 도망쳤지.

앞에 있던 군사들은
진실을 알지 못한 채
놀라 후퇴하며 도망쳤고,
뒤에 있던 군사들 역시
이를 따라 폭주하기 시작하면서
전열이 큰 혼란에 빠졌다.
바이서우이(白壽彝)
《중국통사(中國通史)》

애초에 전쟁에 참여하길
원하지 않던 병사들은
이 기회를 틈타 계속 도망쳤고,
이를 막을 방도는 없었다.
전진 군이 크게 붕괴되었다.
탕창루(唐長孺)
《위진남북조수당사 강의
(魏晉南北朝隋唐史 講義)》

전진의 군대는 순식간에 난리통이 되었어….

그때, 동진의 군대가
그 틈을 타 강을 건너 추격했지.

사현, 사염(謝琰), 환이(桓伊) 등의
동진 장수들은 그 기회를 틈타
병사들을 이끌고 비수를 건넜고,
용맹하게 돌격했다.

바이서우이(白壽彝)
《중국통사(中國通史)》

전진의 군대가 대패했고,
도망치다 서로 밟고 밟혀
죽은 자도 부지기수였다.
운 좋게 전장을 벗어난 이들은
투구와 갑옷을 버리고
밤낮으로 도망쳤다.

바이서우이(白壽彝)
《중국통사(中國通史)》

20만에 달했던 전진의 군대는
완전히 박살 났고,
병사들은 뿔뿔이 도망쳤어….

이 대전으로 한때 최고의 기세를 떨치던
전진은 중상을 입었지.

전진 왕조는
군사적 통치 기반 위에
세워졌기 때문에,
군사력이 무너지면
왕조 역시 끝비로 와해되는
상황에 놓일 수 있었다.

바이서우이(白壽彝)
《중국통사(中國通史)》

게다가 기존에 정복했던 다른 부족들도
잇따라 반란을 일으키면서

비수대전은 전진 정권의
총체적 붕괴를 일으켰고,
각 소수민족의 귀족 집단은
사람을 모아 잇따라
반란을 일으켰다.

군사과학원(軍事科學院)
《중국 군사 통사(中國軍事通史)》

영웅이라고 불리던 한때의 패주는
결국 전장의 불길 속에 사라졌어….

비수대전 이후,
서기 385년에 부견은 강족과
선비족 모용부의 협공 속에
강족 사람에게 살해되었고,
전진은 멸망했다.

탕창루(唐長孺)
《위진남북조수당사 강의
(魏晉南北朝隋唐史 講義)》

통치자를 잃은 북방은
다시 분열 상태로 돌아갔고,

비수대전 이후,
전진이 와해되어 북방은
다시금 분열 국면을
맞게 되었다.

탕창루(唐長孺)
《위진남북조수당사 강의
(魏晉南北朝隋唐史 講義)》

중국의 통일도 중단되었지….

그러면 전쟁에서 이긴 동진은
어떻게 되었을까?

전진이 와해되고
북방이 뿔뿔이 흩어졌지만,
동진의 통치자는 강남에 안주하며
중국 통일의 큰 뜻에는
관심이 없었다…
음주가무하는 것이 일이었고,
뇌물로 관직을 얻을 수 있었으며,
정치와 형벌이 이치에
맞지 않고 혼란스러웠다.
바이서우이(白壽彝) 《중국통사(中國通史)》

이어서 계속

편집자의 말 ◇◇◇◇◇◇◇◇◇◇◇◇◇◇◇◇◇◇◇◇◇◇◇◇◇◇◇◇◇◇◇◇◇◇◇

　　서진이 멸망한 뒤, 천하는 다시금 혼란에 빠졌고, 북방은 더욱 전에 없던 혼란과 정벌 전쟁에 휩싸였다. 부견은 혜성같이 등장해 어려운 국면을 겨우 바로잡았고, 북방에 자주 없던 투명한 정치와 짧은 평화를 가져다주었다. 하지만 무력에 의존하는 것만으로는 각 민족 간의 충돌을 해결할 수 없었다. 게다가 영토 내에 다민족이 공존하는 상황은 이전의 어떤 황조, 어떤 시대에서도 겪어 본 적이 없는 것이었다. 이는 전진의 정치, 군사, 민족 정책이 모두 새로운 시도와 탐색이었고, 뚜렷한 창의성을 띠었다는 의미다. 부견의 결단은 분명 더욱 신중할 필요가 있었다. 그래야 전진이 안정감을 유지하며 발전할 수 있었을 것이다. 하지만 무패 신화는 점차 부견의 두 눈을 가려 능력 있는 신하의 간언을 무시하게 했으며, 사람들의 마음이 아직 안정되지 않았다는 사실을 제대로 보지 못하게 했다. 조급했던 남하 전쟁은 결국 전진으로 하여금 진정한 발전을 이룰 역사적인 기회를 놓치는 뼈아픈 결과를 가져왔고, 와해의 길로 이끌었다.

부견 역 – 전병

참고 문헌 : 《진서(晉書)》, 바이서우이(白壽彝) 《중국통사(中國通史)》, 주사오허우(朱紹侯) 《중국 고대사(中國古代史)》, 왕중뤄(王仲犖) 《위진남북조사(魏晉南北朝史)》, 군사과학원(軍事科學院) 《중국 군사 통사(中國軍事通史)》, 탕창루(唐長孺) 《위진남북조수당사 강의(魏晉南北朝隋唐史 講義)》

말채찍으로 물길을 끊다

남하하기 전, 어떤 사람이 부견에게 장강은 천연 요새로 전투에 적합하지 않은 곳이라고 충고했지만, 부견은 자신에게 100만 대군이 있다는 사실을 과시하며, 각자 들고 있는 말채찍만 강물에 던져도 장강의 물길을 끊을 수 있다면서 전혀 두려워하지 않았어.

바람 소리와 학의 울음소리

부견의 군대가 전쟁에서 패한 뒤 북쪽으로 후퇴했는데, 가는 길에 '휙휙' 하는 바람 소리와 학의 울음소리를 듣고, 진나라 군대가 다시 쫓아오는 것으로 착각해 너무 놀라 미친 듯이 도망쳤어.

양심의 가책을 느껴
대성통곡하다

부견의 대군은 패배해 후퇴하느라 식량을 챙길 여력이 없었고, 북방으로 돌아가는 길에 너무 배가 고팠어. 백성들은 자발적으로 그들에게 밥과 반찬을 내주었고, 보상을 바라지도 않았지. 부견은 너무 참담한 나머지 울음을 참지 못하고 대성통곡하고 말았어.

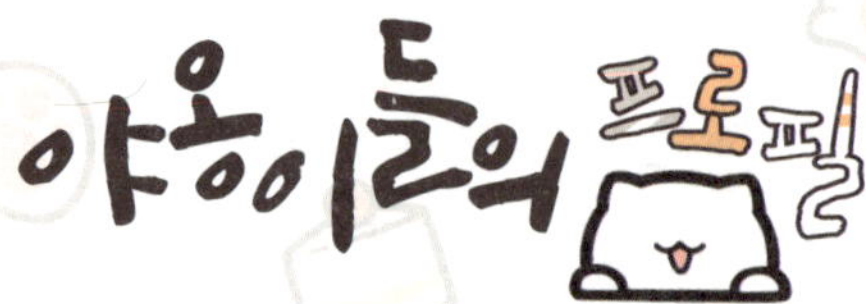

야옹이들의 프로필
꽈배기 극장

<답 맞추기>   <파오몐(泡面)>

나쁘지 않아.
문제는
다 풀었어.
꽈배기야
어때? 시험이
끝난 소감이?

공부 후
파오몐을
먹는 것은
꽈배기의
오랜 습관이다.
컵면

그러면
우리 답을
맞혀 보자.

고생
뒤에 먹는
파오몐은
최고….
냄새 좋다.
好香呀
컵면

음….
시작할게!
1번에 A!

하지만
매번…
컵면

음….
뚝!

그는
꿈속에서
먹었어….
너무 맛있다…
真好吃…
컵면

꽈배기
염소자리
생일 : 12월 24일
키 : 178cm
좋아하는 과목: 물리
(인간 꽈배기 소개)

꽈배기의 게임 존

Mahua's Game Zone

제 70 장

유유가 유송을 세우다

유목민족이 남쪽으로 내려오면서,

(흉노족은) 서진 시대에 산서의
분수(汾水) 유역으로 옮겨와 정착했다…
(선비족의) 거주지는 요하(遼河) 상류에서
하북, 산서 북부에 분포되어 있었다.
저족, 강족은… 섬서(陝西), 감숙(甘肅)
지역으로 옮겨 왔다.

고단샤 《중국의 역사 5 –
중국의 붕괴와 확장 : 위진남북조
(中國的歷史5 – 中華的崩潰與擴大 : 魏晉南北朝)》

진(晉)나라는 수도를 남쪽으로 옮겼어….

서진이 멸망한 뒤,
사마 씨의 정권이
동쪽으로 옮겨 가
동남쪽에 안주했다.
역사에서 이를
동진이라고 불렀다.

바이서우이(白壽彝)
《중국통사(中國通史)》

동진 정권을 다시 세우긴 했지만,

남쪽으로 도망친 중원 사람은…
낭야왕 사마예를 황제로
옹립하고 건강에 동진 정권을
다시 세웠다.

바이서우이(白壽彝) 《중국통사(中國通史)》

세력은… 민망한 수준이었지….

(사마예는) 명목상으로만
황실의 친척에 속하는 사람으로,
명망도 업적도 없었다.

바이서우이(白壽彝)《중국통사(中國通史)》

그가 동진 왕조를
세울 수 있었던 것은…
남쪽으로 건너온
북방의 명문대가와
강남 현지 명문대가의
지지와 보호를
받았기 때문이다.

바이서우이(白壽彝)

《중국통사(中國通史)》

그래서 현지의 사대부들과 협력해

함께 나라를 다스리는 쪽을
선택할 수밖에 없었어.

동진 정권 수립에 있어
낭야의 왕(王) 씨 가문이 황제를
보좌하고 세운 공이 매우 컸다…
"왕 씨와 사마 씨가 천하를 함께
다스린다"라는 말이 있었다.
(주석 - 낭야의 왕 씨는 진나라에서
활약하던 문벌 세족 중 하나로,
사마 씨 가문이 남하할 때, 그들을 위해
북방의 사대부를 단합시키고,
남방의 사대부를 끌어들이기 위해
노력함으로써 동진 정권 수립의
기반을 다졌다.)

왕중뤄(王仲犖)

《위진남북조사(魏晉南北朝史)》

유유가 유송을 세우다

하지만 "고통을 나누기는 쉬워도,
부귀를 나누기는 어렵다"라는 옛말처럼,

정세가 안정되자
황족은 사대부를 통제하려 했는데

사마예는 나라를 세운 지
얼마 되지 않아 왕도(王導)를
소원하게 대하기 시작했고…
군사를 거느리고 무창(武昌)에
주둔한 왕돈(王敦)에게
규제를 가했다. (주석 - 왕도와 왕돈은
모두 낭야 왕 씨 가문 사람이었다.)

주사오허우(朱紹侯)
《중국 고대사(中國古代史)》

사대부가 그렇게 쉽게 통제될 리가?

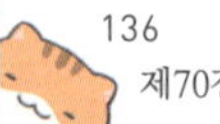

바로 반란을 일으켰지.

이에 대해 왕도, 왕돈 등은
큰 불만을 품었고,
남방의 명문대가
오흥(吳興) 심 씨 가문과
연합했고… 무창에서
군사를 이끌고
반란을 일으켰다.

주사오허우(朱紹侯)

《중국 고대사(中國古代史)》

패배한 황족은 굴복할 수밖에 없었어….

왕돈이 조정을 통제했고…
사마예도 궁 안에 연금시켜
신체의 자유를 박탈했다.

바이서우이(白壽彝)

《중국통사(中國通史)》

하지만 그 후에도
동진 황족은 '열심히'를 넘어 미친 듯이 '탐색전'을 이어나갔어.

유유가 유송을 세우다

(왕윤(王允)이 죽고 낭야 왕 씨는) 경쟁할
힘을 상실했다… 환(桓) 씨와 사 씨가
바로 이때 동시에 흥한 두 사대부
가문이었다… 사 씨는 예주(豫州) 지역의
세력을 바탕으로 상, 하류의 균형과
각 사대부 가문의 균형을 유지했고…
(환 씨는) 동진의 각종 세력이 평화롭게
공존하도록 해 동진의 정치를
안정시켰다.(주석 – 동진의 조정은
여러 문벌의 사대부가 장악하고 있었는데,
그중 가장 큰 권세를 가진 가문이 낭야 왕 씨,
영천(潁川) 유(庾) 씨, 초(譙)나라 환 씨,
진(陳)군 사 씨였다.)

톈위칭(田餘慶) 《동진 문벌 정치(东晋门阀政治)》

정세가 조금만 완화되어도
자신감이 과해졌거든.

그럴 때마다 사대부들은 반란을 일으켰고…

(동진은) 정치적으로
정상 국면을 보이자…
황실은 자신의 힘을 키우고자 했고…
이는 큰 세력을 가진 가문들의
불만을 일으켰고, 야심가는
그 기회를 틈타 세력을 일으켰다.

판원란(范文瀾) 《중국통사(中國通史)》

동진의 황실은 줄곧 문벌의
통제를 벗어나기 어려웠지만,
황실과 문벌의 싸움과
문벌 내부의 싸움은
한 번도 멈춘 적이 없었다.

주사오허우(朱紹侯)
《중국 고대사(中國古代史)》

그런 신경전의 연속이었지….

이 과정에서
한 세력이 아주 중요한 위치에 있었는데,

(이는) 오랫동안 동진의 정치에
큰 영향력을 행사했다.

톈위칭(田餘慶)
《동진 문벌 정치(东晋门阀政治)》

그 세력은 마치 저울추와 같아서
어느 쪽에 치우치느냐에 따라 승패가 갈렸지.

그것은 바로 **북부병(北府兵)**이었어.

(사)현은 유뢰지(劉牢之)를
참군(參軍)에 명하고,
정예 부대를 이끌어
선봉에 서게 했고,
이들은 백전백승했고,
'북부병'이라고 불렸다.
(주석 - 사현은 진군
사 씨 가문 사람이었다.)

《진서·열전 제54
(晉書·列傳第五十四)》

유유가 유송을 세우다

북부병은 북방의 유민들로 구성된 군대로,

북부병은
신설된 군대가 아니라
여러 유민 장수가 나눠 이끌며
강·회(江淮) 지역에서
오래 활동한 베테랑 군대였다.

톈위칭(田餘慶)

《진한위진사 탐구
(秦漢魏晉史探微)》

최강 전투력을 자랑했지.

늘 정예병(북부병)을
선봉에 세웠고, 이기지 못하는
전투가 없었다.

《자치통감(資治通鑑)·104》

비수대전에서 전진의 군대를
박살 낸 것도 그들이었어.

전진

사현은 유랑민과 유랑민 장수 중에서
북부병 병사와 장수를 모집하는 데
성공했다… 북부병은 정교하고
우수한 훈련을 통해… 이는
비수대전에서 동진이 승리를
거둔 이유 중 하나였다.

톈위칭(田餘慶)

《동진 문벌 정치(東晋門閥政治)》

다만, 그들이 힘은 정말 셌는데,

북부병은
강력한 정예 부대였다.
바이서우이(白壽彝)
《중국통사(中國通史)》

머리는 조금···.

사현이 내륙으로 들어와
회계(會稽) 지역의 내사(內史)직을
수행하다 죽은 뒤, 징집에 응했던
북부의 많은 장수는 장기적이고
안정적이었던 통솔 및 예속 관계를
상실했다··· 주인이 없는 상태에 놓였다.
톈위칭(田餘慶)
《동진 문벌 정치(東晋门阀政治)》

황족과 사대부의 후반 힘겨루기에서
북부병은 약간 용병 같은 역할이었어.

유유가 유송을 세우다

(402년) 당시 북부병에서 가장
높은 지위의 장수는 유뢰지였다.
그는 처음에 왕공(王恭)을 배신하고
(사마) 원현(元顯)에 투항했다. (주석 -
왕공은 태원 왕 씨 가문 사람이었다.)
바이서우이(白壽彝)
《중국통사(中國通史)》

(유뢰지는) 이후에 다시
원현을 배신하고 환현(桓玄)에
투항했다….(주석 - 환현은
초나라 환 씨 가문 사람이었다.)
바이서우이(白壽彝)
《중국통사(中國通史)》

동진의 통치자 간의
내부 권력 갈등이 심해짐에 따라,
원래 외적에 맞서 용맹하게
싸웠던 북부의 여러 장수는
잇달아 강좌[65]의 내전에 휘말려,
어느 한쪽 편에 서서 상대편을
제거하는 역할을 했고,
이를 여러 번 반복했다…
유뢰지는 당황해 방향을
판가름하지 못했고,
평소와 같이 행동하지 못하고
오락가락했다.
톈위칭(田餘慶)
《진한위진사 탐구(秦漢魏晉史探微)》

---

65) 강좌(江左) : 양쯔강 하류 동남 지역. - 역주.

이런 상황은 한 고양이가 등장할 때까지 계속되었어.

그는 바로 유유(劉裕) 고양이야.

유유의 자는 덕여(德輿),
아명은 기노(寄奴)였다.

바이서우이(白壽彛)
《중국통사(中國通史)》

사실 유유 고양이도
북부병의 장수 중 하나였는데,

북부병 장수 유유는…
예전에는 농사를 짓고
물고기를 잡으며 생활했고,
이후에는 북부병 유뢰지의
부하로 들어와 군공을 쌓았다.

주사오허우(朱紹侯)
《중국 고대사(中國古代史)》

한나라 유씨 집안의 후손이라는 이야기가 있어.

(유유)는 한고조 유방의
동생 초원왕(楚元王) 유교(劉交)의
후손이라는 이야기가 있었다.
바이서우이(白壽彝)
《중국통사(中國通史)》

음… 그런데 그것도 다 몇백 년 전 이야기라서

유유 때는 이미 빈털터리였지.

유유의 유년 시절,
가정환경은 매우 빈곤했다.
바이서우이(白壽彝)
《중국통사(中國通史)》

(유유)는 겨우 글자만 읽었다….

《자치통감(資治通鑑)·111》

그는 젊었을 때, 사람들이
무시하는 막노동 일을 했고,
밖에 나가 소규모로 장사를 해
가족을 부양하고 생계를
유지하기도 했다.

바이서우이(白壽彝)

《중국통사(中國通史)》

팽성(彭城) 사람 유유는…
크면서, 용감하고 건장해
큰 뜻을 가졌다.

《자치통감(資治通鑑)·111》

(동진) 안제(安帝) 융안(隆安) 3년(399년) 11월,
요적[66] 손은(孫恩)이 회계에서 반란을 일으켰다.
유뢰지는 유유(고조(高祖))에게 명을 내려
수십 명을 이끌고 적의 위치를 정찰하게 했다.
(정찰 중에) 수천 명의 적을 마주치자 곧장
나아가 맞섰다. 그가 이끌었던 사람들
대부분이 죽었으나 그의 진의는 격렬했고,
긴 검을 휘두르며 많은 적군을 죽이고
상하게 했다.

《송서·본기 제1(宋書·本紀第一)》

---

66) 요적(妖賊) : 요사스러운 도적. – 역주.

유유가 유송을 세우다

북부병에 들어간 그는
전장에서 용맹함을 보이며 승진 가도를 달렸고,

조용히 기회가 찾아오기를 기다렸지.

당시에 황족과 사대부는 이미
여러 차례 맞붙은 상황이었는데,

북부병의 지원을 힘입어

사대부가 마침내 동진의 황족을 물리쳤고,

심지어 황위도 빼앗았어.

(403년) 환현이
스스로 황제라고 칭하고,
국호를 초(楚)로 바꿨다.
바이서우이(白壽彝)
《중국통사(中國通史)》

환현은 황위를 찬탈한 후,
동진의 부패 정치를 혁신하는 조치를
취하지 않았다. 오히려 오만하고
사치스러워 백성들이 고달팠다.

군사과학원(軍事科學院)
《중국 군사 통사(中國軍事通史)》

(유유는) 경구(京口)에서 옛 북부 사람
유도규(劉道規), 유의(劉毅), 맹애(孟昹),
하무기(何無忌), 제갈장민(諸葛長民) 등과
은밀히 환현을 무너뜨릴 계획을 세웠다.

바이서우이(白壽彝) 《중국통사(中國通史)》

이 상황에서 유유 고양이는
기회의 냄새를 맡았지.

원래 북부병은 어느 한쪽에 속해
그를 위해 싸웠고,

(북부병은) 한번은
왕공을 배신해 사마도자에게
항복했고, 또 한번은
사마도자를 배신하고 환현에
투항했다… 스스로 생존이
불가능했다.

톈위칭(田餘慶)
《동진 문벌 정치(东晋门阀政治)》

어느 쪽이 이기든 동진 정권의 주체는 바뀌지 않았어.

그런데 이번에는 동진 자체가 무너진 거야….

(403년) 환현이 건강에서
칭제하고 국호를 '초'라고 했다.
(진)안제(安帝)는 폐위되어
평고왕(平固王)으로 강등되었다.
푸러청(傅樂成)
《중국통사(中國通史)》

유유가 유송을 세우다

그래서 유유 고양이는 곧장 북부병 장수들을
집결시키고 '역적 토벌'을 선포했어.

(404년) 3월,
북부병의 옛 장수 유유가
북부병 하급 군관들과 연합해…
연맹을 맺고 군사를 일으켜
환현을 토벌했다…
군사과학원(軍事科學院)
《중국 군사 통사(中國軍事通史)》

'북부병'은 결코 만만한 군대가 아니라서,

두세 달 만에
황위를 찬탈했던 사대부를… 모두 쓸어버렸지.

(404년) 5월,
두 군대는 쟁영주(崢嶸洲)에서
만났고… 환현의 군대가
크게 무너졌다.
군사과학원(軍事科學院)
《중국 군사 통사(中國軍事通史)》

안제는 어리석어서 유유가
그를 맞아들이자 돌아가
황위를 되찾았다. (주석 - 환현이 정권을
찬탈했을 당시, 사마 씨 황실 대부분의
세력을 제거했다. 안제는 무능하고
아무 권력도 없는 허수아비 황제였다.)
바이서우이(白壽彝)《중국통사(中國通史)》

당시 남방의 동진 황족은 힘을 잃었고,

현지 사대부는 거의 멸망한 상태라

(유유는) 환현이 진나라 황위를
찬탈하며 생겨난 사대부 문벌의
통치를 타파했다. (주석 - 유유가 환현의
군대를 대파한 이후 주도권을
갖기 시작했고, 그 당시의 사대부는
그에게 패하거나 항복했다.)
톈위칭(田餘慶)
《동진 문벌 정치(東晉門閥政治)》

유유가 유송을 세우다

유유 고양이는 단숨에 동진 황조의
실질적 집권자가 되었어.

유유가 (진안제를) 보좌해
정치하며 동진의 모든
군정 대권을 장악했다.

주사오허우(朱紹侯)
《중국 고대사(中國古代史)》

정치적 판도가 달라지고 있는 와중에

그는 막강한 군사력을 바탕으로
내부의 반란을 평정하고,

환현은 죽었으나 환겸(桓謙),
환현의 조카 환진(桓振) 등이
형주에서 계속 유유에 저항했다.
약 1년이 지나고서야
비로소 소멸되었다….
바이서우이(白壽彛)
《중국통사(中國通史)》

접경 지역의 평안을 지킴으로써

동진 의희(義熙) 5년(409년),
유유는 남연이 접경 지역에서
끊임없이 소란을 피우자 군대를
이끌고 북벌에 나섰다…
이듬해 2월, 유유는 강고(廣固)성을
함락시켰다… 남연이 멸망했다.
바이서우이(白壽彛)《중국통사(中國通史)》

높은 명망을 얻게 되었지.

이렇게 유유의 권력은 크게 강해졌고,
'일인지하, 만인지상'의 느낌을
물씬 풍겼다… 위엄과 명망, 권세가
날이 갈수록 높아졌다….
바이서우이(白壽彛)《중국통사(中國通史)》

유유가 유송을 세우다

결국 약 1세기 동안 겨우 명맥만 유지하던
동진 황조는 유유 고양이가 세운
정권에 의해 대체되었어.

(318년) 사마예가 칭제했다…
역사에서 이를 동진이라고 불렀다…
원희 2년(420년) 6월, 진안제(주석 – 고증에
따르면 진공제가 옳다)는 대세가
넘어갔음을 느끼고 황위를 유유에게
선양했다. 동진이 멸망했다.

군사과학원(軍事科學院)
《중국 군사 통사(中國軍事通史)》

유유가 정식으로 칭제하며
국호를 송(宋)으로 바꾸고,
연호를 영초(永初)로
바꿨으며 수도를 건강으로 정했다.
역사에서 그를 송무제(宋武帝)라고 불렀다.

바이서우이(白壽彝)《중국통사(中國通史)》

그게 바로 역사에서 말하는
유송(劉宋) 정권이야.

(유유가)
국호를 송으로 바꿨다.
역사에서는 이를
유송이라고 불렀다….

군사과학원(軍事科學院)
《중국 군사 통사(中國軍事通史)》

유송의 등장은
완전히 새로운 남북 대립 구도의 등장을 의미했지.

남조 시대가…
송무제가 진나라를 대체했던
그해(420년)에 시작되었다.

푸러청(傅樂成)

《중국통사(中國通史)》

그러면 이에 맞서는 북방에는
또 어떤 변화가 일어났을까?

이어서 계속

유유가 유송을 세우다

편집자의 말 ◇◇◇◇◇◇◇◇◇◇◇◇◇◇◇◇◇◇◇◇◇◇◇◇◇◇◇◇◇◇◇◇◇◇◇

　　동진은 꽤나 '발버둥 쳤던' 황조라고 할 수 있다. 서진 말기, 남하했던 사마 씨 일가는 원래부터 세력이 형편없이 약했기 때문에 남북의 사대부 문벌의 힘을 빌려 겨우 동진을 세울 수 있었다. 이는 나라의 기반이 처음부터 불안정해서 자립할 수 없었음을 의미한다. 일부 사대부의 권력이 너무 커지자 황족은 새로운 사대부를 지원하며 균형을 맞추고, 그 과정에서 자신의 세력을 키우고 지위를 높이려고 했다. 이런 과정이 반복되면서 동진의 각 문벌 사대부는 돌아가며 정권을 잡았고, '사마 씨'라는 간판만 걸었을 뿐 동진의 실권을 장악했다고 볼 수 있었다. 다만 황족과 사대부, 사대부와 다른 사대부 간의 쟁탈전이 거듭되며 각각의 세력이 끊임없이 소모되고 쇠약해졌다. 장수 출신이었던 유유는 이 기회를 틈타 군사를 일으켰고, 단번에 사대부를 제거하고 황실을 장악해 결국 자립할 수 있었다.

참고 문헌 : 《진서(晉書)》, 《송서(宋書)》, 《자치통감(資治通鑑)》, 고단샤 《중국의 역사 5 - 중국의 붕괴와 확장 : 위진남북조(中國的歷史5 - 中華的崩潰與擴大 : 魏晉南北朝)》, 푸러청(傅樂成) 《중국통사(中國通史)》, 판원란(范文瀾) 《중국통사(中國通史)》, 바이서우이(白壽彝) 《중국통사(中國通史)》, 왕중뤄(王仲犖) 《위진남북조사(魏晉南北朝史)》, 주사오허우(朱紹侯) 《중국 고대사(中國古代史)》, 톈위칭(田餘慶) 《동진 문벌 정치(東晉门阀政治)》 및 《진한위진사 탐구(秦漢魏晉史探微)》, 군사과학원(軍事科學院) 《중국 군사 통사(中國軍事通史)》

사랑하는 장병들

어떤 사람이 유유에게 너무나도 아름다운 호박석으로 만든 베개를 바쳤어. 그런데 호박석이 칼과 창으로 인한 상처를 치료할 수 있다는 이야기를 듣고, 곧장 사람을 시켜 호박석 베개를 부숴 부하 장수들에게 나눠 주도록 했지.

아낄 수 있을 때 아껴야지

유유는 근검절약하는 사람이었어. 사람들이 그가 쓸 물건을 준비하면서 디자인이 예쁜 곡선 다리 침대를 사고, 은칠한 못을 사용한다는 이야기를 듣자마자 거절했고, 소박한 직각 다리 침대를 사고 쇠못을 사용하도록 했지.

바쁜 와중에도 시간을 내다

전장을 떠난 유유는 유유자적하고 털털한 모습노 보여주있이. 그는 자주 나막신을 신고 밖을 거닐곤 했고, 수행하는 사람도 10명 남짓이었지.

<다른 사람을 돕는 것을 좋아하는 물만두 1>

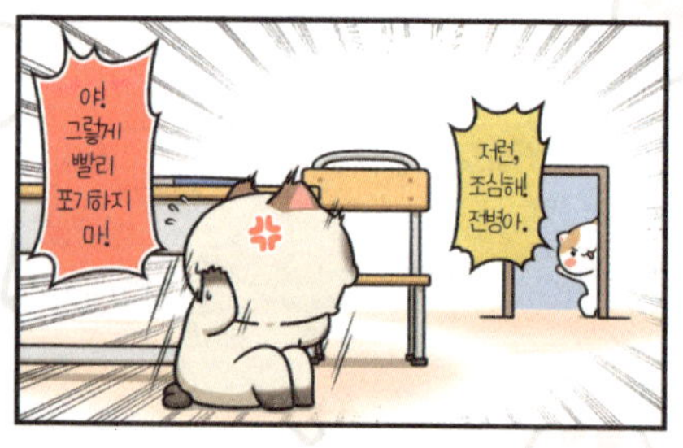

<다른 사람을 돕는 것을 좋아하는 물만두 2>

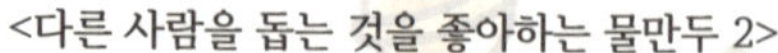

물만두
FOOTBALL
양자리

생일 : 4월 1일
키 : 177cm
좋아하는 과목: 체육

(인간 물만두 소개)

물만두의 게임 존

Shuijiao's Game Zone

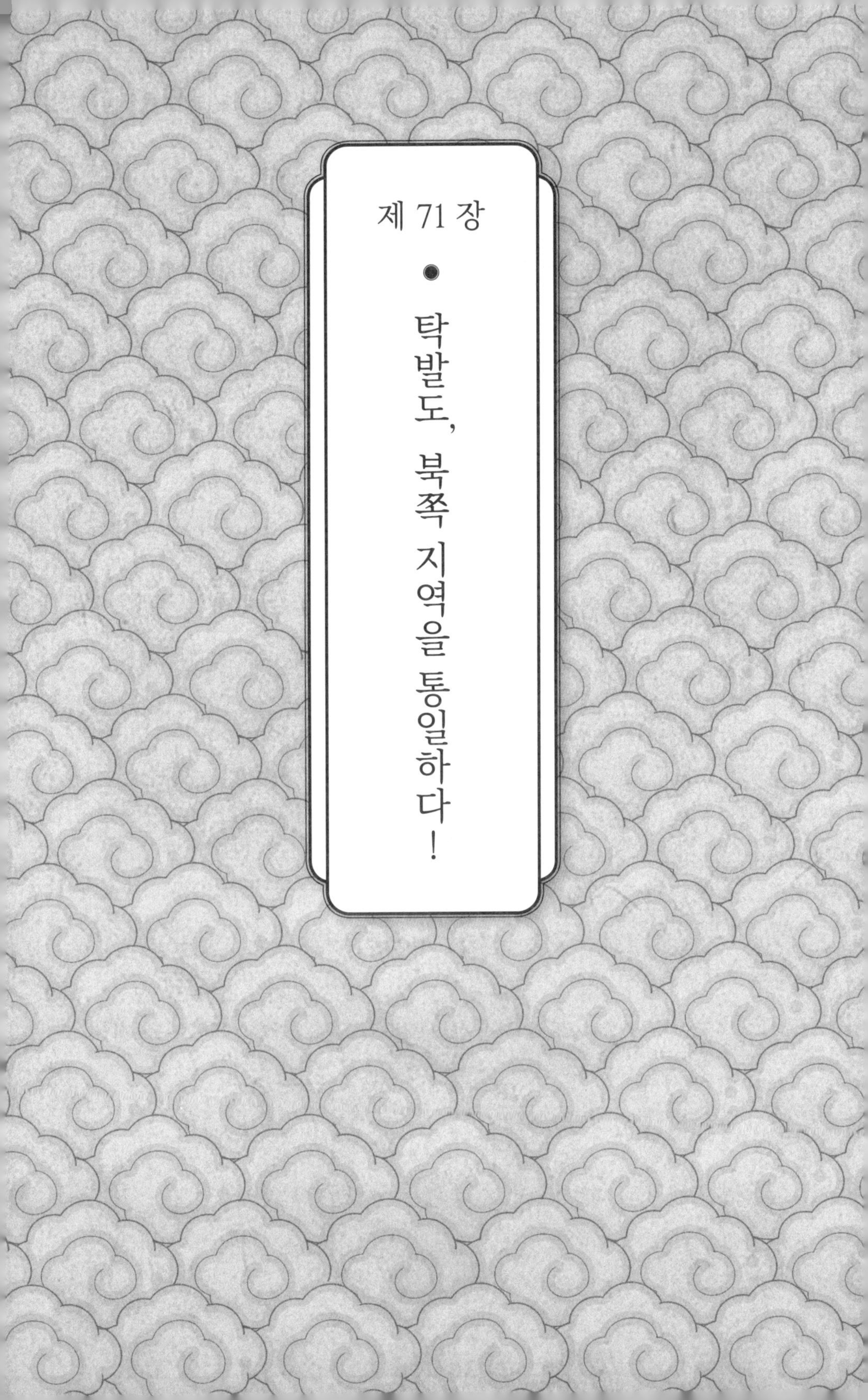

제 71 장

탁발도, 북쪽 지역을 통일하다!

비수대전은 오호십육국 시기에
영향력이 매우 컸던 전쟁이었어.

비수대전은 십육국 시기에
가장 큰 전쟁이었다….
판원란(范文瀾) 《중국통사(中國通史)》

(비수대전은)
남북의 대립 국면을…
결정하는 전쟁이기도 했다.
판원란(范文瀾) 《중국통사(中國通史)》

비수대전은
남북의 대립 국면을…
한층 더 확고히 했다.
주사오허우(朱紹侯)
《중국 고대사(中國古代史)》

이 전쟁으로 인해
남방과 북방 정국에 변화가 생겼는데,

남방은 내부 정권 교체가 일어나

동진에서 유송이 되었지.

420년,
유유가 동진의 공제(恭帝)인
사마덕문(德文)을 폐하고
스스로 황제(송무제)가
되었고, 국호를 송이라고 했다.
동진이 멸망했다….

주사오허우(朱紹侯)
《중국 고대사(中國古代史)》

그러면 북방은?

(전진의) 통일 정권은
빠르게 와해되었다….

주사오허우(朱紹侯)
《중국 고대사(中國古代史)》

다시 분열 상태로 돌아갔어….

… 통일 정권 속에 묻어두었던
각종 갈등이 다시
전개되기에 충분했다.

주사오허우(朱紹侯)
《중국 고대사(中國古代史)》

탁발도, 북쪽 지역을 통일하다!

전진이 패망하고 전진에 투항했던
각 민족 세력이 다시 부활했고,

비수대전에서 패한 뒤…
전진에 정복당했던 각 민족의 귀족들은
이 기회를 틈타 자신들의 정치적인
세력을 되찾을 방법을 모색했다.
전진은 철저히 무너졌다.

바이서우이(白壽彝)《중국통사(中國通史)》

패권 쟁탈전이 다시 시작되었지….

북방의 황하 유역은 또다시
분열되어 연(燕), 진(秦), 량(凉)
세 부분으로 나뉘었고,
수많은 소국이 서로를 공략했다.

바이서우이(白壽彝)
《중국통사(中國通史)》

새롭게 시작된 전쟁에서 한 정권이 서서히 부상했는데,

바로 탁발 씨가 세운
북위(北魏) 정권이었어.

(386년에) 탁발규(拓跋珪)가
각 부족 수령들의 추대를 받아
성낙(盛樂)에서 스스로를 왕이라고
칭하고, 대나라를 다시 세웠다.
같은 해에 국호를 위로 바꿨다.
역사에는 이를 북위라고 불렀다.

주사오허우(朱紹侯)
《중국 고대사(中國古代史)》

북방의 유목민족이었던
탁발 씨 일족은 사납고 용맹해서

(북위) 등국(登國) 3년(388년)에서
등국 9년(394년)까지
탁발 부락 연맹은
점차 강인하고 호전적인
집단이 되어갔다.

바이서우이(白壽彝)
《중국통사(中國通史)》

힘으로 해결할 수 있는 일은
굳이 다른 방법을 찾지 않았지….

멈출 줄 모르고
주위 각 부락과
전쟁을 벌었다.

바이서우이(白壽彝)
《중국통사(中國通史)》

탁발도, 북쪽 지역을 통일하다!

초대 황제 때부터 그들은 미친 듯이 전쟁을 벌였어.

작은 부족이든, 큰 주변 국가든,

(탁발규는) 차례로
흉노의 유현(劉顯), 하란(賀蘭)부,
독고(獨孤)부, 거란의 막계(莫溪)부,
흘돌(紇突)부 등의 부족들을
쳐서 항복시켰다.

주사오허우(朱紹侯)

《중국 고대사(中國古代史)》

모두 북위에게 당했지….

2대에 걸친 전쟁으로,
북위는 북방의 초강대국이 되었어.

(탁발규는) 고차(高車)와 흉노의
유위진(劉衛辰)을 격파하고 초원의
패주 자리를 얻었다…
395년, 북위군이 참합피(參合陂)에서
연나라 주력군을 전멸시키고,
북위는 단번에 북방 최강국이 되었다.
주사오허우(朱紹侯)
《중국 고대사(中國古代史)》

(그의) 통치 기간에…
(북위는) 서진 말기 이래
북방 지역의 할거,
혼란 국면을 끝냈다.
바이서우이(白壽彝)
《중국통사(中國通史)》

3대 황제가 등장하며 북위 정권은
한층 더 높은 정상에 올랐는데,

그가 바로 태무제(太武帝),
탁발도(拓拔燾) 고양이야.

탁발도의 자는
불리(佛狸)이고…
북위의 황제로,
시호는 태무황제였다.
바이서우이(白壽彝)
《중국통사(中國通史)》

167

그의 선조와 마찬가지로 탁발도 고양이 역시
전쟁을 즐기는 지도자였지.

세조(世祖)(탁발도)는 총명하고
지혜로우며, 결단력이 있고
능력이 있으며, 위풍당당하고
호방하며 걸출한 인물이었다.
두 세대 동안 다진 기반을 발판 삼아
전쟁에 대한 의지와 기개가 넘쳤다.
이로 인해 그의 전차들은
사방을 향해 출격했고, 험난하기도,
평탄하기도 한 전장을 두루 누볐다.

《위서·제기 제4(魏書·帝紀第四)》

성을 공략하고 적에 대항해
진을 칠 때, 그는 직접 날아드는
화살과 돌에 맞섰고, 주변에 있던
사람들이 잇따라 죽거나 다쳤으나
그의 표정에는 흔들림이 없었다.
이로 인해, 장병들은 그를
두려워하면서도 존경했으며,
모두 죽음을 무릅쓰고 전력을 다했다.

《자치통감(資治通鑑)·120》

성인이 되기도 전부터 직접
전장에서 칼을 휘둘렀을 정도니

조정의 지위고하를 막론하고 그에게 맞서는 자가 없었어….

새로운 지도자로서, 탁발도 고양이는
황위에 오르자마자 통일 전쟁을 준비했지.

탁발규, 탁발사(拓跋嗣) 부자가
2대 동안 나라를 경영하면서…
상승세를 탄 탁발 씨는 야심만만하게
북방 통일을 도모하려 남조로 진격했다.
(주석 – 탁발규의 다른 이름은
탁발십익규(拓跋什翼圭)로,
바이서우이(白壽彝)의 책에서는 그의
이름을 항상 '탁발규(拓跋圭)'로 표기했다.)
바이서우이(白壽彝) 《중국통사(中國通史)》

북위 왕조는
탁발규, 탁발사 부자가 2대 동안
나라를 경영하면서 사막을 통일했다.
동쪽으로는 고막해(庫莫奚)를,
서쪽으로는 고차를 무너뜨렸고,
후연의 모용 씨를 크게 이겼으며,
황하 이북의 산서, 하북 지역을
모두 차지했다.

바이서우이(白壽彝)
《중국통사(中國通史)》

하지만 당시 상황을 보면,
북위가 세력은 충분히 강력했지만,

주위에…
대적해야 할 정권이 적지 않았고,

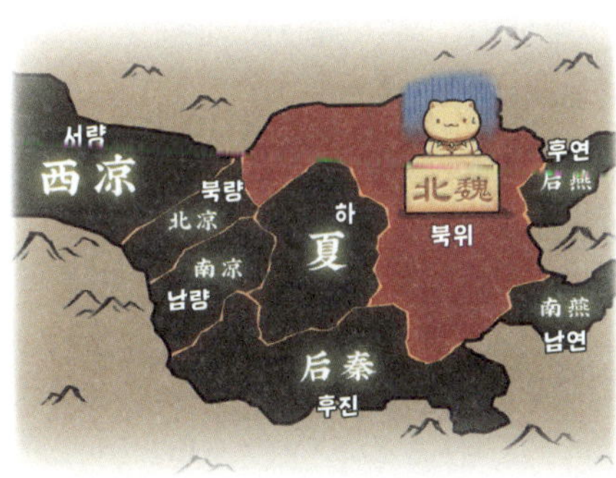

… 하지만 북방 지역 전체의 형세는
여전히 매우 복잡했다. 혁련(赫連) 씨의
하(夏)나라가 관중을 장악했고,
흉노의 다른 갈래인 노수호(盧水胡)가
세운 북량은 하서(河西)에 자리를
잡았으며, 선비족 길복(乞伏) 씨가 세운
서진(西秦)은 농우(隴右)를 할거해
점령했고, 요동에는 풍발(馮跋) 씨가
세운 후연이 있었다.
바이서우이(白壽彝) 《중국통사(中國通史)》

탁발도, 북쪽 지역을 통일하다!

그중에서도 가장 중요한 것은
북쪽에 아직 남아 있는 거대한 유목민족이었어.

그게 바로 유연(柔然)이야.

북방의 유연은
더욱 끊임없이 국경을 넘어
침입했다….
바이서우이(白壽彝)
《중국통사(中國通史)》

정확하게 말하자면, 유연은 국가는 아니었어.

연연[67]은 동호(東胡)의 후예로
욱구려(鬱久閭) 씨였다…
자기 부족 군대를 갖게 되었고,
스스로를 유연이라고 칭했다….
《위서·열전 제91
(魏書·列傳第九十一)》

---

67) 연연(蠕蠕) : 몽골 지방에 자리 잡고 살던 고대의 유목민족. ─ 역주.

그들은 북방의 큰 사막에 뿔뿔이 흩어져 살며

유연은… 동쪽으로
외흥안령(外興安嶺)에서 시작해
서쪽으로는 알타이 산을 넘었고,
남쪽으로는 사막에 달했으며,
북쪽으로는 바이칼 호를 포함했다….

바이서우이(白壽彝)
《중국통사(中國通史)》

시도 때도 없이 넘어와 약탈을 일삼거나…

(유연은) 여러 차례
국경을 침범했고…
1만여 명의 기병이 요새로 쳐들어와
국경 지역 백성들을 크게
약탈한 뒤 도망쳤다.

바이서우이(白壽彝)

《중국통사(中國通史)》

성에 불을 질렀고…

유연은…
관리와 백성을 살육하고,
재물을 약탈했으며,
옛 수도 성락(盛樂)을 쳐서
함락시켰다.

바이서우이(白壽彝)

《중국통사(中國通史)》

탁발도, 북쪽 지역을 통일하다!

탁발도 고양이가 막 황위에 올랐을 때도,
그들은 북위로 넘어와 사고를 쳤는데,

(북위) 시광(始光) 원년(424년),
탁발도가 즉위한 지 얼마 되지 않아,
유연의 군주 대단(大檀)은
6만의 기병을 이끌고
운중(雲中)으로 쳐들어갔다.
바이서우이(白壽彝)
《중국통사(中國通史)》

기세등등하게 넘어왔다가

탁발도는 직접 경기병을 이끌고
2박 3일을 운중으로 내달렸다.
유연의 군대가 탁발도를
50여 겹으로 층층이 포위했다….
바이서우이(白壽彝)
《중국통사(中國通史)》

음… 하마터면
탁발도 고양이한테 박살 날 뻔했지….

탁발도는 매우 침착하게
작전을 지휘했다. 위나라 군은
유연 가한의 동생을 쏴 죽였고,
유연은 두려워하며 도망쳤다.
바이서우이(白壽彝)《중국통사(中國通史)》

유연이 사막으로 후퇴하기는 했지만, 그것은 잠시뿐이었어.

그들은 주거지가 고정적이지 않아서

유연 민족의 거취를
종잡을 수 없어 큰 타격을
입히기가 어려웠다.

푸러청(傳樂成)
《중국통사(中國通史)》

적극적으로 추격한다고 해도,

(북위) 태무제 시절…
여러 차례 직접 유연을
토벌하곤 했다….

푸러청(傳樂成)
《중국통사(中國通史)》

탁발도, 북쪽 지역을 통일하다!

유연은 장막을 이고 쏜살같이 사라졌지….

하지만 유연은 도망에 능숙해
정면 대결을 피했기 때문에
위나라 군은 허탕 치기 일쑤였다.
푸러청(傅樂成)《중국통사(中國通史)》

유연은 끊임없이 침범했고,
'유유가 요새를 침범하는 일'은
역사에 자주 기록되었다.
바이서우이(白壽彝)
《중국통사(中國通史)》

이런 '유랑민'을 상대하는 게
북위도 엄청 난감했어….

하지만 통일을 꿈꾸는 능력 있는 황제로서,
탁발도 고양이는 반드시 그들을 제거해야만 했지.

유연의 침략은
북위 세력을 견제해
다른 할거 정권을
더 정복할 힘을 잃게 했다…
탁발도도 이 점을
분명하게 인지하고 있었다…
북쪽의 유연을 정복하기로
결심했다.
바이서우이(白壽彝)
《중국통사(中國通史)》

서기 429년, 탁발도 고양이는 직접
대군을 이끌고 유연 정벌을 떠났어.

(429년) 4월, 탁발도는 남교(南郊)에서
군을 훈련시키고, 군사를 나눠
장수를 파견했다. 평양왕(平陽王)
장손한(長孫翰)은 군대를 이끌고
서쪽 길에서 대아산(大娥山)으로 향했고,
탁발도는 군대를 이끌고 동쪽 길에서
흑산(黑山)으로 향해 유연 가한의
본영에서 만났다.

바이서우이(白壽彝) 《중국통사(中國通史)》

대군은 위풍당당하게 사막으로 진격해

5월, 위나라 군은
동쪽 길로부터 사막의 남쪽에
도착했다….

바이서우이(白壽彝)
《중국통사(中國通史)》

'전격전'을 시작했지.

위나라 군은
기습 작전을 선택헸다….

푸러청(傅樂成)
《중국통사(中國通史)》

탁발도, 북쪽 지역을 통일하다!

음… 그게 뭐냐면… 일단 짐은 다 버리고!

무기만 들고 가는 거야!

(탁발도는) 군수품을 버렸고,
경기병은 사막을 넘어 진격했다.
바이서우이(白壽彝) 《중국통사(中國通史)》

다른 군수품이 없으니
북위 기병의 이동 속도는 빠르고 맹렬했고,

탁발도는 위나라 군을 이끌고
속수68)를 따라 서행했다…
군을 나눠 탐색했다….
바이서우이(白壽彝) 《중국통사(中國通史)》

68) 속수(粟水) : 지금의 몽골 중남부 옹기 강. - 역주.

유연 '군대'의 반응 속도는
이를 아예 따라오지 못했어.

유연의 군주 대단은
북위의 군대가 도착했다는
이야기를 들었으나
준비가 되지 않은 상태였다….
바이서우이(白壽彝)
《중국통사(中國通史)》

가족을 거느리고 집을 불태운 뒤
서쪽으로 도망칠 수밖에 없었다.
부족은 뿔뿔이 흩어졌고, 축산물들은
거두거나 돌보는 이 없이 들판에
널려 있었다… 처음에 대단의 동생인
필려(匹黎)가 위나라 군이 공격해 온다는
소식을 듣고 군대를 이끌고 구하러
오려 했으나, 마침 서쪽 길에서 온
위나라 군이 도착했고,
그들에 의해 섬멸당했다.
바이서우이(白壽彝) 《중국통사(中國通史)》

그렇게…
유연은 산산조각이 나버렸지….

유연이라는 우환을 제거한 북위는
우리를 부수고 나온 사나운 호랑이와 같았어.

(탁발도는) 유연을 격파하고
그들이 두려움에 감히 남쪽으로
돌아오지 못하고 북쪽으로
도망치게 했다.
이렇게 북쪽 국경 지역의
위협을 제거했다.
바이서우이(白壽彝) 《중국통사(中國通史)》

탁발도, 북쪽 지역을 통일하다!

이어지는 10년 동안, 탁발도 고양이는 북방의
다른 정권들을 하나하나 무너뜨렸고,

(유송) 원가(元嘉) 7년(430년)…
위나라가 하나라를 멸망시켰다…
원가 13년(436년)에 북연을 토벌했다…
이에 북연이 멸망했다….
원가 16년(439년), 위나라 군이
토벌에 나섰고 북량이 멸망했다.

푸러청(傅樂成) 《중국통사(中國通史)》

중국의 북방 지역은 다시 통일되었지.

북량은 '십육국' 중 가장 마지막으로
멸망한 나라였다. 이를 근거로
역사가들은 북량이 멸망한 해를
북위가 북방을 통일한 해로 삼는다.

푸러청(傅樂成) 《중국통사(中國通史)》

이로써 오호십육국이라는
혼란 국면이 공식적으로 끝이 났고,

439년, 군대를 보내 북량을
멸망시키고 북위가 양주(凉州)를 얻었다.
304년에 십육국의 대혼란이
시작되었는데, 이때가 되어서야
황하 유역이 비로소 통일되었다.

판원란(范文瀾) 《중국통사(中國通史)》

남북 양쪽 모두 새로운 정권으로 교체되었어.

이게 바로 남북조 시대야.

중국 역사가 남북조 시대에 진입했다.
북위는 서로 대립하던 남북의
양대 세력 중 하나의 강자로 등장했고,
남조의 송나라와 항쟁했다.
바이서우이(白壽彝)《중국통사(中國通史)》

새 시대가 시작된 중국에서,
남북 간에 또 어떤 갈등이 일어나게 될까?

남방의 유송 정권 역시
호시탐탐… 북위 왕조의
또 다른 위협이 되었다.
바이서우이(白壽彝)
《중국통사(中國通史)》

이어서 계속

탁발도, 북쪽 지역을 통일하다!

　3대를 거치면서, 탁발 씨는 연전연승하며 드넓은 북방 대지를 다시금 통일했다. 북위와 전진은 여러 유목민족을 무력으로 정복했다는 공통점이 있었으나 나라를 다스리는 전략에서 큰 차이가 있었다. 북위는 북방 통일 후, 차근차근 중앙집권 체제를 강화했다. 전쟁에 패해 흩어진 부락의 수령들을 조정에 받아들여 관직을 주었고, 유학의 통일 사상을 받아들였으며, 농업을 힘써 발전시켰고, 유입된 유목민족이 정착하도록 해주었다… 이러한 일련의 조치들을 통해 나라의 정치는 맑고 투명해졌고, 백성들의 생활이 안정되었으며, 각 부족의 '반발심'도 어느 정도 다스려졌다. 또한 이로써 북위는 한 걸음 더 발전할 가능성과 기회를 잡았다. 급작스럽고 빠르게 멸망의 길을 걸었던 전진과 비교하면 북위의 안정적인 운영이야말로 진정한 의미에서 '안정적'이었다고 볼 수 있다. 그렇게 새로운 시대 '북조'가 막을 올렸다.

탁발도 역 – 해바라기씨

참고 문헌 : 《위서(魏書)》, 《자치통감(資治通鑑)》, 푸러청(傅樂成) 《중국통사(中國通史)》, 바이서우이(白壽彝) 《중국통사(中國通史)》, 판원란(范文瀾) 《중국통사(中國通史)》, 주사오허우(朱紹侯) 《중국 고대사(中國古代史)》

여장을 한 탁발도

전쟁 중에 탁발도는 정보를 캐내기 위해 직접 적군의 성에 잠입했다가 성안에 갇히고 말았어. 그는 어쩔 수 없이 여장하고 늦은 밤을 틈타 성벽을 넘어 도망쳤지.

검소한 생활을 하다

탁발도는 고요함과 평온함을 좋아하고, 검소한 사람이어서 의복과 장신구, 일상용품은 모두 쓸 만하기만 하면 된다고 생각했어. 화려하고 아름다운 것들에 별로 관심이 없었지. 식사할 때도 반찬이 두 가지를 넘지 않도록 했어.

타고난 리더

탁발도는 군사를 이끌고 전쟁하는 데 매우 뛰어난 능력이 있어서 그의 말을 따른 사람들은 모두 이겼고, 따르지 않은 사람들은 대부분 실패했어. 그는 통찰력도 뛰어나 영웅이 될 인재를 잘 알아봤고, 덕분에 수많은 좋은 장병들을 선발할 수 있었어.

야옹이들의 프로필

<목적>

<꿈>

해바라기씨

황소자리

생일 : 5월 3일
키 : 180cm
좋아하는 과목: 지리

(인간 해바라기씨 소개)

183

제 72 장

혼란에 빠진 남조

탁발도가 직접 대군을 이끌고
북량을 정벌했다… 북량이 멸망했다.
이로써 북위는 중국의 북방을 모두
통일해 십육국으로 분열되었던
할거 국면을 끝냈다.

바이서우이(白壽彛) 《중국통사(中國通史)》

중국 대륙은 남북조 시대에 진입했어.

서기 420년, 중국의 역사는
남북조 시대에 진입했다.
북위는 대립하던 남북 양대 세력 중
강자로서 등장했다…

바이서우이(白壽彛) 《중국통사(中國通史)》

북조는

'전쟁의 신' 탁발도 고양이가 이끄는
북위의 시대가 시작되었고,

당시 북방은
북위의 태무제 탁발도가
재위하던 시기로… (그는) 북방을
통일했고, 세력은 나날이 커졌다.
주사오허우(朱紹侯)
《중국 고대사(中國古代史)》

남조에는

유송의 2대 황제…

422년, 송무제가 죽고…
424년, 송문제(宋文帝)가 즉위했다.
판원란(范文瀾)《중국통사(中國通史)》

혼란에 빠진 남조

유의륭(劉義隆) 고양이가 있었지.

태조 문황제의 휘는 의륭(義隆),
어린 시절 이름은 차아[69]였고,
무제의 셋째 아들이었다.
《송서·본기 제5(宋書·本紀第五)》

말하자면… 유의륭 고양이는 원래
정통 황위 계승자가 아니었는데,

유송 영초(永初) 3년(422년),
무제가 병으로 죽자
태자 의부(義符)가 황위를 계승했고,
소제(小帝)라고 불렸다.
푸러청(傅樂成)《중국통사(中國通史)》

하지만…
대신들은 그가 '딱'이라고 생각했어!

송의부가 황제가 되기는 했으나
실권은 서선지(徐羡之), 부량(傅亮),
사회(謝晦)의 손에 있었다…
서선지, 부량 등은 무제의 셋째 아들인
의도왕(宜都王) 의륭을 황제로
세우기로 결심했다.
바이서우이(白壽彝)
《중국통사(中國通史)》

---

69) 차아(車兒) : 혹은 거아. – 역주.

그래서…
그의 두 형은 '영광스럽게' 제거되었고…

경평(景平) 2년(42년)에
서선지 등은 황태후령으로
소제를 폐해 영양왕(營陽王)으로
강등시키고 곧이어 죽였다.
무제의 둘째 아들 의진(義眞)은…
소제가 폐위되기 불과 얼마 전에
살해당했다. (주석 – 송소제는 즉위한 지
1년여 만에 권신들에 의해 폐위당했고,
유의룡이 뒤이어 황제로 즉위해 정식으로
유송의 2대 황제가 되었다.)

푸러청(傅樂成)《중국통사(中國通史)》

대신들은 억지로
유의룡 고양이를 받들어 황제가 되게 했지.

의룡은 의부와 의진이 살해당했다는
소식을 듣고, 건강으로 가서 황제가
되는 것을 매우 망설였다. 그의
사마(司馬) 왕화(王華), 장사(長史)
왕담수(王曇首), 남만교위(南蠻校尉)*
도언지(到彦之) 등이 그를
설득했다… 서기 424년 8월,
의룡은 건강으로 가 황위에 올랐고
송문제가 되었다.

바이서우이(白壽彝)《중국통사(中國通史)》

* 사마, 장사는 참모와 보좌관,
  남만교위는 군 지휘관이다.

혼란에 빠진 남조

황위에 오른 유의륭 고양이도
발전하기 위해 분명 열심히 노력했어.

송문제는…
맑고 깨끗한 정치와
경제 발전에 유익한
여러 조치를 취했다.

군사과학원(軍事科學院)
《중국 군사 통사(中國軍事通史)》

그의 통치 아래,
남방의 경제력은 향상되었지.

송문제가 통치한 30년 동안,
장강 유역은 동진 시대 이후에
처음으로 번영의 분위기가 형성되었다.

판원란(范文瀾)《중국통사(中國通史)》

이게 바로 역사에서 말하는
원가지치(元嘉之治)야.

당시 송문제의 연호가
원가(424~453년)였기 때문에
옛 역사가는 이 시기를
'원가지치'라고 칭송했다.

군사과학원(軍事科學院)
《중국 군사 통사(中國軍事通史)》

남북의 각 지도자인 탁발도 고양이와 유의륭 고양이는

태조(太祖)(유의륭)는
어린 시절 유난히 매우 뛰어났다…
재위 기간이 매우 길었고,
각종 제도를 모두 수립했다.

《송서·본기 제5(宋書·本紀第五)》

세조(탁발도)는 총명하고 지혜로우며,
결단력이 있고 능력이 있으며,
위풍당당하고 호방하며
걸출한 인물이었다.

《위서·제기 제4(魏書·帝紀第四)》

둘 다 어려서부터 영재였고,

군대를 부리는 책략을 갖췄어.

(유의륭의) 재능은 광무제[70]에
비할 수 없었으나, 그는 멀리서 군사 작전을
지휘했고, 전쟁이 시작되면 그가 정한
뜻을 믿고 따르지 않은 자가 없었다.

《송서·본기 제5(宋書·本紀第五)》

(탁발도는) 적군과 교전할 때마다 자주
병사들과 함께 날아드는 화살과 돌에 맞섰고,
주변에 있던 사람들이 끊임없이 죽거나
다쳤으나 황제의 표정에는 흔들림이
없었다… 그는 또한 사람을 알아보는 능력이
뛰어나 병사 중에서 인재를 선발해냈다.
그는 병사들의 출신을 고려하지 않았고,
오로지 재능에 따라 자신들의
장점을 발휘할 수 있게 했다.

《위서·제기 제4(魏書·帝紀第四)》

---

70) 광무제(光武帝) : 후한의 초대 황제 유수(劉秀). – 역주.

혼란에 빠진 남조

송문제는 부강한 국력을 믿고 황화 이남
지역을 되찾기 위해 자주 군사를 일으켜
위를 공격했다. 위나라의 태무제는
용맹하고 전쟁에 능했기에 황하 유역을
통일하고 강남 지역도 삼켜버리고자
하는 과도한 욕망이 있었다. (주석 - 송무제
유유가 죽고, 북위는 유송이 갖고 있던 황하
이남의 대지를 빼앗았다. 유의륭은 황위에
오른 뒤 줄곧 잃어버린 땅을 되찾고자 했다.)

판원란(范文瀾) 《중국통사(中國通史)》

그리고 둘 다… 크흠… 서로를
눈엣가시처럼 생각했지….

천하를 통일하기 위해
그 둘은 모두 서로를 제거하려고 했어….

양측 모두 상대를 무너뜨리고
중국을 통일하려 했다.

주사오허우(朱紹侯)
《중국 고대사(中國古代史)》

결국 남북조에 큰 영향을 끼친
대전쟁이 벌어졌지.

450년,
전성시대를 보내고 있던
남북의 두 나라 사이에 멸망하느냐
살아남느냐를 결정하는
대전쟁이 발발했다.

판원란(范文瀾) 《중국통사(中國通史)》

그게 바로 과보전쟁(瓜步之戰)이야!

원가 27년(450년) 12월…
위나라와 송나라 간에
유명한 과보전쟁이 시작되었다.

바이서우이(白壽彝)

《중국통사(中國通史)》

서기 450년, 탁발도 고양이는 10만 명의
군사들을 이끌고 먼저 출격했는데,

탁발도는 원가 27년에
대군을 대동하고 남하했다…
직접 보병과 기병 10만을 이끌고
송나라 현호성(懸瓠城)으로 진격했다.

왕중뤄(王仲犖)

《위진남북조사(魏晉南北朝史)》

뜻대로 되지 않았어….

성을 지키는 송나라 군사가
채 1,000명도 되지 않았지만,
그들이 전력을 다해 방어하자
탁발도는 42일 동안 성을
함락시키지 못했고, 유송의 지원군이
도착해 퇴각할 수밖에 없었다.

바이서우이(白壽彝) 《중국통사(中國通史)》

혼란에 빠진 남조

유의륭 고양이 차례가 되자,

그해(450년) 7월,
유송은 대군을 수로와 육로
여러 길로 나눠 출병시켜
북벌에 나섰다.

주사오허우(朱紹侯)

《중국 고대사(中國古代史)》

그는 전국의 병력을 동원했을 뿐만 아니라,

7월, 송문제는… 청(靑), 기(冀),
서(徐), 예(豫), 남연(兗), 북연(兗)
6주 전체에서 병력을 모았다.

바이서우이(白壽彝)

《중국통사(中國通史)》

군비도 잔뜩 준비했는데,

재력이 부족했기 때문에,
(송나라는) 위로는 왕공, 비(妃)로부터
아래로는 민간의 백성에 이르기까지
모두 금과 비단, 각종 물건을 바쳐
나라 살림에 보태야 했다.

바이서우이(白壽彝) 《중국통사(中國通史)》

결과는… 오히려… 탁발도 고양이를 만나
역으로 일격을 당했지….

위나라의 태무제(탁발도)는
100만 대군이라고 불리던
군사들을 보내 황하를 건너
대응하게 했다. 송나라 장수
왕현모(王玄謨)는 주력군을 이끌고
활대(滑台)를 공격했으나
위나라 주력군에 격파당했다.

판원란(范文瀾)《중국통사(中國通史)》

한 방 먹은 유의륭 고양이는 퇴각하며 전쟁을 치르다
결국 과보산 근처에 이르렀어.

위나라 군은 그들을 따라
남하해 장강 북부의
과보까지 이르렀다.

주사오허우(朱紹侯)
《중국 고대사(中國古代史)》

둘은 장강을 사이에 두고
서로 대치하게 되었지….

옛날에 과보 지역은 장강에 인접해
건강 지역과 강을 사이에 두고 마주 보는
위치였다. 위나라 군은 갈대로 뗏목을 만들고
백성들의 오두막집을 부수며 밤낮으로 전투를
준비했다… 송나라의 영군장군(領軍將軍)
유준고(劉遵考) 등은 군사를 나눠
나루터 입구와 요새를 지키고,
호수와 연결되는 상류를 순찰하게 했다.

바이서우이(白壽彛)《중국통사(中國通史)》

195
혼란에 빠진 남조

유송 조정은 위아래 할 것 없이 크게
두려워하며, 안팎의 경계를 강화했다.
백성 중 장정들을 최대한 징발하고,
왕공의 자제들도 군역을 지게 했다.
그렇게 겨우 한 줄기의 방어선을
구축할 수 있었다. (주석 – 유송은 오랜 전쟁에도
승리하지 못했고, 북위의 군이 있는 과보는
유송의 수도인 건강과 강 하나를 두고 마주 보는
지역이었기 때문에, 더 이상 물러설 곳이 없어
죽을 각오로 방어할 수밖에 없었다.)

바이서우이(白壽彝)《중국통사(中國通史)》

대치하는 과정에서 유송은 북위를
이길 수 없었기에,
이 악물고 죽어라 수비했고,

북위는 '장거리 출장'을 와서
너무 힘든 상태였어….

위나라 후방 역시 견고하지 못했고,
장거리를 이동해 치른 전쟁으로
장병들은 피폐해진 상태였다….

바이서우이(白壽彝)《중국통사(中國通史)》

위나라 군은 틈을 찾을 수 없었고,
추운 날씨와 얼어붙은 땅,
부족한 식량과 사료로 인해
이듬해 정월에 어쩔 수 없이 퇴각했다.

주사오허우(朱紹侯)
《중국 고대사(中國古代史)》

결국, 양측은 더 이상 버틸 수 없어
종료 휘슬을 불 수밖에 없었지.

대단한 위세를 자랑하던 과보전쟁은
승자 없는 전쟁으로 끝이 났어.

북위는 대규모 군사를 동원하고도
아무 수확을 얻지 못했고,

북위

유송은 과도하게 힘을 쓰느라
나라의 힘이 많이 약해졌지.

유송

이 전쟁을 치르고 나서,
남방의 세력은 북방보다 약해지기 시작했어.

이때부터,
남북 대립 국면은
'북강남약' 구도로 전환되었다.

주사오허우(朱紹侯)
《중국 고대사(中國古代史)》

게다가 전쟁 이후 정국이 동요하면서…

뒤이어, 유송 왕조는
다시 끊임없는 내전에 빠졌다.

군사과학원(軍事科學院)
《중국 군사 통사(中國軍事通史)》

과보전쟁 20여 년 후,

유송이 멸망했어.

그 이후 110여 년 동안,
남방은 제(齊), 양(梁), 진(陳)으로
대체되었는데,

혼란에 빠진 남조

나라가 바뀌는 과정은 대부분 비슷했어.
미덥지 않은 황제를

남조의 황제는 부유한 가정에서
자랐으나, 자신의 기분과 뜻에 따라
행동하는 일부 명사들의 풍조에만
조금 영향을 받았을 뿐, 명사들의
가정 교육과 가풍에 젖어 들지는
못했고… 그들이 할 수 있는 것은
그저 기분이 내키는 대로 굴고,
소란이나 피우는 것이었다.

체무(錢穆) 《국사대강(國史大綱)》

부하가 반란을 일으켜 제거하는 식이었지.

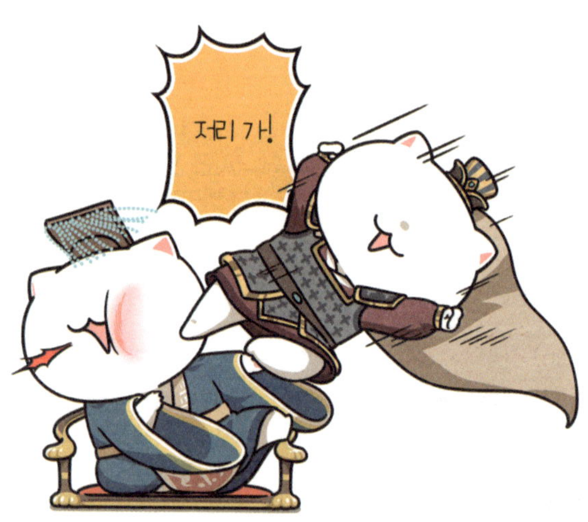

제나라 황제의 경우,

미친 듯이 폭력을 휘두르다

(498년에) 소보권(蕭寶卷)이
즉위했다… 방탕하고 잔혹했으며,
종친을 잔인하게 죽이고,
대신들을 처형했다.
군사과학원(軍事科學院)
《중국 군사 통사(中國軍事通史)》

부하에 의해 제거되어,

501년, (양양(襄陽)에 주둔한)
옹주자사(雍州刺史) 소연이
군사를 일으켜 건강으로
쳐들어갔다.
판원란(范文瀾)
《중국통사(中國通史)》

양나라가 제나라를 대체하게 되었고,

502년, 소연이
제나라를 멸망시키고
양나라를 세웠다.
판원란(范文瀾)
《중국통사(中國通史)》

양무제는

고조 무(武)황제의
휘는 연이고…
《양서·본기 제1
(梁書·本紀第一)》

중노릇하는 데 너무 심취해…

그(소연)은 말년에
불교의 교리를 신봉한 나머지
지나치게 관대한 정치를 펼쳤고,
이로 인해 형벌 제도가 느슨해져
기강이 바로 서지 않았다.
푸러청(傅樂成)《중국통사(中國通史)》

역시나 부하에게 제거되었어.

(양나라) 태청(太淸) 원년(547년),
동위 대장군 후경(侯景)이
하남의 땅을 가지고 투항했다…
(양무제)는 후경을 하남왕에 봉했다…
무제는 후경에 의해 제압당했고…
굶어 죽었다.

푸러청(傅樂成)《중국통사(中國通史)》

그렇게 마지막으로
진나라가 **양나라**를 대체했는데…

시흥[71] 태수 진패선이…
후경을 토벌하려 군사를 일으켰다…
후경의 군대를 고숙(姑孰)에서 대파했다…
이듬해, 패선은 경제(敬帝)를 폐하고
스스로 황제가 되어 국호를
진(陳)으로 바꿨다.

푸러청(傅樂成)《중국통사(中國通史)》

71) 시흥(始興) : 지금의 광둥(廣東)성 사오관(韶關) 지역. – 역주.

혼란에 빠진 남조

진후주가 즉위하기 전까지

583년,
진후주 숙보(叔寶)가
황위를 계승했다.
주사오허우(朱紹侯)
《중국 고대사(中國古代史)》

황위에 있던 황제도 역시나
'한량 도련님'이었어….

진후주는
방탕한 생활을 했으며…
황제와 신하가 함께 술에 취해
노래를 부르며 밤을 지새웠다.
판원란(范文瀾)
《중국통사(中國通史)》

남방 정국이 동요하고 있기는 했지만,

남조의 여러 황제는…
미천한 신분을 가진 이들을 등용하고
종친들을 제후로 봉했다. 그러나 미천한
신분을 가진 이들은 사대부의 마음을
충족시키지 못했고, 종친들은 봉국의 힘을
키워 황제를 충심을 다해 보좌하고
받들 수 없었다. 오히려 이는 친족끼리
서로 살육하는 화를 재촉했다.
첸무(錢穆) 《국사대강(國史大綱)》

문화적으로는 크게 번영했는데,

사마 씨 다섯 왕이
남쪽으로 장강을 건너
동진을 세웠다.
당시에 글재주가 좋은
문인이 적지 않았다.

《남사·열전 제62
(南史·列傳第六十二)》

남조의 왕조 교체가
상류층을 정권 다툼을 통해 이루어진 덕에

남조의 경우,
통치 계급 내부의 투쟁에는
황권과 종실 간의 투쟁,
권신 간의 투쟁이 포함된다….

바이서우이(白壽彝)
《중국통사(中國通史)》

혼란에 빠진 남조

사회적으로 전쟁의 영향을
그렇게 많이 받지 않으면서

(남조의) 사회는 대체로
안정적인 상태를 유지했다···.
판원란(范文瀾)《중국통사(中國通史)》

사회와 경제 상황이 비교적 안정적으로
유지되면서 문화도 발전할 수 있었던 거지.

그 덕분에 경제와 문화의 발전에
필요한 조건을 갖췄다.
판원란(范文瀾)《중국통사(中國通史)》

이 문화, 예술 분야의 성과는
중국의 후세에 천 년이 넘도록 영향을 끼쳤어.

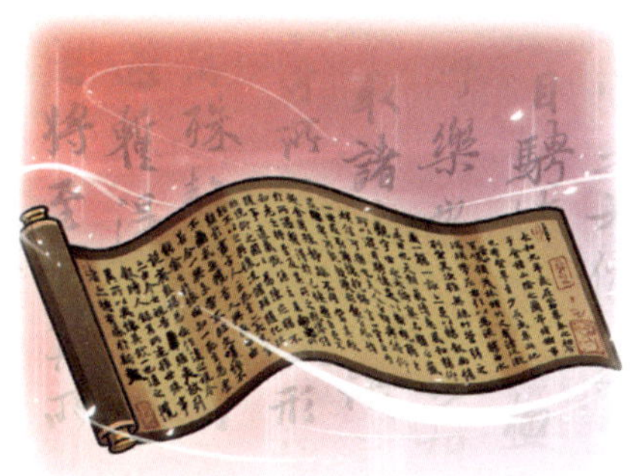

중국 고대 문화의 전성기로
가장 먼저 한나라와 당나라 시절을
꼽을 수 있다. 남조는 한나라를
계승해 당나라 시대를 연
전환기였다.
판원란(范文瀾)
《중국통사(中國通史)》

남방에서 정권이 빈번하게 교체되는 동안,
북방에는 어떤 일이 일어났는지 살펴보면,

당시 북위에도 어떤 변화가 일어나고 있었는데,

그게 뭐였을까?

이어서 계속

남조는 420년에 시작되어 589년에 끝이 났다. 그 사이에 송, 제, 양, 진 네 나라, 24명의 황제를 거쳤다. 이 시기 동안 '원가지치'라는 눈부신 순간도 있었으나 과보전쟁이라는 비통한 실패를 겪은 뒤 통치 계급 내부의 분쟁, 정권의 잦은 교체의 혼란에 빠졌다. 남조의 정치는 한 번의 실패 이후 다시는 일어나지 못했다. 다만 다행스러운 부분은 상위층의 정권 다툼의 영향이 아래로는 거의 미치지 않아 평민 백성들은 비교적 안정적인 환경에서 근 100년간 전력을 다해 남방을 발전시켰고, 장강 유역은 점차 인구가 늘어나고 부유해졌으며 번영했다. 바로 이러한 이유로 남방은 또 다른 '정치와 경제의 중심지'가 될 수 있는 밑천을 마련할 수 있었다(판원란(范文瀾) 《중국통사(中國通史)》). 이후 근 1000년 동안 수, 당 시기의 경제가 열에 아홉은 남방에 의지했던 것이나, 명조(明朝)의 정치가 한동안 남방에 기반을 잡았던 것 모두 남조 시기의 대대적인 발전의 덕을 본 것이었다.

탁발도 역 - 해바라기씨

유의륭 역 - 꽃빵

참고 문헌 : 《위서(魏書)》, 《양서(梁書)》, 《송서(宋書)》, 《남사(南史)》, 푸러청(傅樂成) 《중국통사(中國通史)》, 바이서우이(白壽彛) 《중국통사(中國通史)》, 판원란(范文瀾) 《중국통사(中國通史)》, 주사오허우(朱紹侯) 《중국 고대사(中國古代史)》, 왕중뤄(王仲犖) 《위진남북조사(魏晉南北朝史)》, 군사과학원(軍事科學院) 《중국 군사 통사(中國軍事通史)》, 천무(錢穆) 《국사대강(國史大綱)》

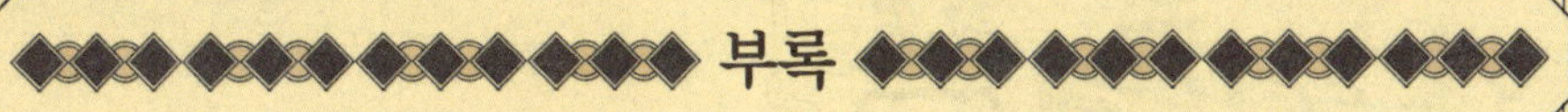

'열받게 하기' 전술

유의륭의 북벌 대군을 상대로 탁발도는 전혀 겁내지 않았을 뿐만 아니라 오히려 미친 듯이 도발했어. 그는 편지를 보내 덥지는 않은지, 춥지는 않은지 살폈으며, 심지어는 준마 한 필과 약물을 보내며 관심을 표현했지.

원격 조종 전투

유의륭은 직접 전장에 나서지 않고 원격으로 군대를 배치하고 진을 치는 것을 유난히 좋아했어. 게다가 모든 장병을 자신이 설정한 작전 방식대로 움직이게 했지. 하지만 효과는 그저 그랬던 것 같아…

직접 전장에 나서다

상대가 북연이든, 북량이든, 유연이든 관계없이, 이후 남방을 정벌할 때도 예외 없이 탁발도는 직접 군사들을 이끌고 줄성하는 깃을 좋아했어. 그는 생각이 치밀하고, 군사들을 민첩하게 지휘해 적군이 그를 막아내는 데 어려움을 겪었지.

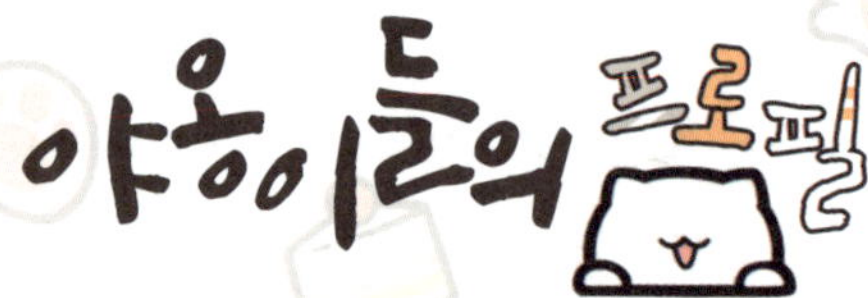

<꽃빵의 체험 1>

<꽃빵의 체험 2>

꽃빵

사자자리

생일 : 8월 15일
키 : 179cm
좋아하는 과목: 수학

(인간 꽃빵 소개)

꽃빵의 게임 존

Huajuan's Game Zone

제 73 장

풍태후, 태화 연간에 제도를 개편하다

과보전쟁 이후,
남북 모두 정권이 교체되었어.

과보전쟁에서 송나라는 극심한
타격을 입었다. 전란을 겪으며 송의 국토는
완전히 황폐했고, 원가지치도 이때부터
쇠약해지기 시작했다… 북위 역시 아무
이익도 얻지 못했다. 위나라 군은 전쟁을
치르는 동안 '병사와 군마가 반 이상
죽거나 다쳤고, 위나라 사람 모두가
그를 원망했다.'

바이서우이(白壽彝) 《중국통사(中國通史)》

남방에서는 실력 없는
고양이들끼리 서로 물고 뜯으며

남조의 경우,
통치 계급 내부의 투쟁에는
황권과 종실 간의 투쟁,
권신 간의 투쟁이 포함된다….

바이서우이(白壽彝) 《중국통사(中國通史)》

왕조가 끊임없이 바뀌었지.

동진이 멸망한
420년부터 589년까지…
170년 동안 중국 남부에는
연달아 4개의 봉건 왕조
송, 제, 양, 진(陳)이 세워졌다.

장순후이(張舜徽)
《중화 인민통사(中華人民通史)》

그러면 북방은?

역시 그렇게 좋은 상황은 아니었어…

세조가 남과 북을 정벌해
사방을 평정했으나, 나라의 인력,
물력, 재력에는 매우 큰 손해를 입혔다.
얼마 지나지 않아 나라에 분쟁이 생겨
시국이 어려워졌고, 조정과 백성들이
모두 근심이 가득했다.

《위서·제기 제5(魏書·帝紀第五)》

위나라 태무제는 송 원가 29년(452년)에
중상시 종애(宗愛)에 의해 살해당했다.
태자였던 탁발황(晃)은 이미 먼저 죽었고,
황의 아들 탁발준(濬)은 어렸다. 종애는
태무제의 서자였던 남안왕(南安王)
탁발여(餘)를 황제로 세웠다. 여는 종애가
제멋대로 권력을 휘두르자 그의 권력을
빼앗으려 했다가 종애에게 죽임을 당했다.
같은 해에 조정 대신 유니(劉尼),
원하(源賀) 등이 준이 황위를 계승하게 해
문성제(文成帝)가 되었다.

푸러청(傅樂成)《중국통사(中國通史)》

지도자는 황위에 오르는
족족 죽어 나갔고…

풍태후, 태화 연간에 제도를 개편하다

조정은 권신들에게 장악되었지.

이런 상황은 한 여자 고양이가
등장하면서 반전되었어.

그녀의 주도하에 북위에서는
중대한 의미를 지닌 일련의 개혁이
시행되었고, 북위의 역사가
새로운 페이지를 펼치게 되었다.

바이서우이(白壽彝)《중국통사(中國通史)》

그녀가 바로 풍(馮)태후야.

문성제의 문명황후 풍 씨는
장락(長樂) 신도(信都) 사람이었다.

《위서·열전 제1(魏書·列傳第一)》

문명태후는 북위 문성제 탁발준
(452~465년 재위)의 황후로,
문성제 사망 후, 헌문제(獻文帝)
(466~471년 재위)가 황위를 계승하면서
황태후로 추존되었다.

군사과학원(軍事科學院)
《중국 군사 통사(中國軍事通史)》

솔직히, 풍 씨 고양이의 일생은 한 편의 여주 원톱 드라마와 같았어.

북연의 귀족으로 태어났으나

풍 씨의…
조부 풍홍(馮弘)은
북연의 마지막 국왕이었다.
바이서우이(白壽彝)
《중국통사(中國通史)》

이후 북연이 멸망했고….

436년, 풍홍은
어쩔 수 없이 용성(龍城)을
포기하고 고려로 도망쳤다.
북연이 멸망했다.
북연이 세워진 지
24년 만이었다.
바이서우이(白壽彝)
《중국통사(中國通史)》

풍태후, 태화 연간에 제도를 개편하다 

그 '원흉'이 바로 북위였지.

위나라의 태무제는…
436년, 북연을 멸망시키고,
위나라는 요하 유역을 얻었다.

판원란(范文瀾)
《중국통사(中國通史)》

풍 씨 고양이는 전리품으로서
북위의 후궁으로 보내졌지만,

북위의 군대가 화룡[72]에 가까워지자
풍홍은 성을 포기하고
고려로 도망쳤다. 그의 아들 풍랑(馮朗),
풍막(馮邈)은 북위에 투항했다…
풍 씨는 풍랑의 딸이었다.
그의 아버지는 갑작스러운 재난으로
살해당했고, 집안이 한순간에
몰락했다. 풍 씨는 연좌되어
평성(平城)의 황궁으로 끌려갔다.

바이서우이(白壽彝)《중국통사(中國通史)》

몇 년 만에, 처음에는 비가 되고…

---

72) 화룡(和龍) : 곧 용성. - 역주.

나중에는 황후가 된 거야!

흥안(興安) 원년(452년),
문성제 탁발준이 황위를 계승했고,
풍 씨는 귀인에 봉해졌다.
당시 그녀는 열네 살밖에 되지 않았다.
4년 뒤, 그녀는 황후가 되었다.

바이서우이(白壽彝) 《중국통사(中國通史)》

억… 하지만 안타깝게도
얼마 지나지 않아… 황제가 죽었어….

5월 계묘일,
황제가 태화전에서 붕어했다.
당시 그의 나이는 겨우
스물여섯 살이었다.
6월 병인일, 헌문제가
문성황제라는 시호를 추가했고….

《위서·제기 제5(魏書·帝紀第五)》

풍태후, 태화 연간에 제도를 개편하다

황제의 죽음으로 북위 정권은 위기에 처했는데,

권신들이 조정을 장악한 것도 모자라

조정의 대권은
거기대장군 을혼(乙渾)의 손에 있었다.
을혼은 속내를 알 수 없는
사람으로, 조서를 고쳐 자신과
다른 뜻을 가진 자들을 살해했고,
차례로 상서 양보년(楊保年), 평양공(平陽公)
가애인(賈愛仁), 남양공(南陽公)
장천도(張天度), 평원왕 육려(陸麗) 등을
죽였다.

바이서우이(白壽彝) 《중국통사(中國通史)》

황위 계승자까지 갈아 치우려 했지.

태위 을혼이 승상을 맡으며
그 지위가 각 왕보다 높았고,
어떤 크고 작은 일도
모두 을혼이 결정했다.

《위서·제기 제6(魏書·帝紀第六)》

어린 황제는 벌벌 떨 수밖에 없었어…

하지만 그들이 한 고양이의 존재를 잊은 것 같은데,

맞아, 그게 바로 우리의 여주인공,
풍 씨 고양이야!

당시의 정세는 풍태후가 나서
수습하지 않을 수 없는 지경이었다.

선치웨이(沈起煒)
《리둥팡 강사 속편·세설 양진 남북조
(黎東方講史之續·細說兩晉南北朝)》

풍태후, 태화 연간에 제도를 개편하다

열네 살에 궁에 들어왔을 때부터
풍 씨 고양이는 북위의 정치에
발을 들이기 시작했기 때문에,

열네 살 때, 고종이 즉위하고
그녀를 귀인에 봉했고, 이후에
다시 황후로 세웠다.
《위서·열전 제1(魏書·列傳第一)》

풍 씨는 총명한 여인으로…
십수 년의 궁정 정치를 겪으며 그녀는
더욱 예민하고 기지가 늘었다.
바이서우이(白壽彝)《중국통사(中國通史)》

나라를 어지럽히려는 권신들의 음모에 대한
대응책이 이미 준비되어 있었지.

(풍태후는) 아무 내색도 하지 않은 채
주위의 변화를 주시했다.
그녀가 을혼이 마음이 틀어져
황실을 위험에 빠뜨릴 계략을
세우는 것을 알아차렸을 때…
바이서우이(白壽彝)《중국통사(中國通史)》

그런 그녀의 조력으로
권신들은 빠르게 제거되었고,

(풍태후는)
비밀리에 큰 계획을 세웠고
반역죄를 물어 을혼을 죽였다….
바이서우이(白壽彝)
《중국통사(中國通史)》

새롭게 황위를 계승한 어린 황제도
친정을 시작했는데,

윽…
얼마 지나지 않아, 세상을 떠났지….

정국을 안정시키기 위해
태황태후였던 풍 씨 고양이는
직접 정사를 주관하기 시작했어.

풍태후, 태화 연간에 제도를 개편하다

100년이 넘는 전란을 겪으며
당시 북방의 논밭은 황폐했고,
경제는 쇠퇴한 상태였는데

북위는 여러 해 동안 계속
나라 밖으로 병력을 지원하느라
장정들을 징발했다. 이로 인해
나라의 논밭은 황폐해졌고
'좋은 밭은 버려져 개간하지 않고,
어린 뽕나무는 시들어도
거두지 않는' 처참한 상황이었다.

바이서우이(白壽彝)
《중국통사(中國通史)》

이런 상황에서
발전을 도모하려면 개혁이 필수였지.

북위의 통치는
이미 철저한 변화가
절실한 때였다.
이 역사적 중책을
감당할 사람은
그 누구도 아닌
바로 풍태후였다.

바이서우이(白壽彝)
《중국통사(中國通史)》

그래서 풍태후 고양이는 세 가지 법규를 만들어 반포했어.

먼저 '봉록제'야.

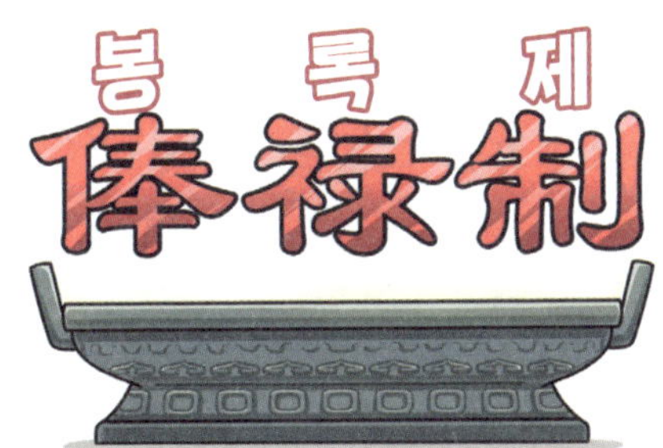

(북위) 태화(太和) 9년(485년),
풍태후는 봉록제도를
제정했다….
바이서우이(白壽彝)
《중국통사(中國通史)》

북위 재정의 근원은 전쟁을 치르며
획득한 자원이었는데,

북위 초기의 통치자는
약탈 전쟁을 주된
국가 사업으로 삼았고,
관리들은 이에 참여해
포상을 받았을 뿐
정해진 봉록이 없었다.
바이서우이(白壽彝)
《중국통사(中國通史)》

풍태후, 태화 연간에 제도를 개편하다

전쟁을 통해 빼앗은 것이 많을수록, 관리들이
나눠 가지는 것도 많아진다는 뜻이었지.

(북위는) 전쟁에 나설 때면
관리와 병사들에게 최대한 많이
약탈할 것을 명령했고,
전쟁에서 승리해 돌아온 뒤에는
약탈물을 나눠 가졌다.

바이서우이(白壽彝) 《중국통사(中國通史)》

이런 습성 때문에 백성들도 착취당했어.

북위 전기에 관리들은
봉록이 없었기에 각 계급의 관리들이
더욱 법을 어기며 뇌물을 받고,
재물을 수탈하며 백성들을
잔혹하게 착취하게 되었다.

군사과학원(軍事科學院)
《중국 군사 통사(中國軍事通史)》

그래서 봉록제를 시행해
관리들에게 일괄적으로 임금을 주는 대신

(북위는) 또한 관리들의 봉록을
국가가 일괄적으로 조달하는
봉록제도를 제정했다….

주사오허우(朱紹侯)
《중국 고대사(中國古代史)》

백성을 착취하지 못하게 규정하고

(관리들의 봉록은) 정기적으로 품계에
따라 지급하고, 관리들이 스스로
마련하지 못하도록 했으며,
부정부패 척결 강도를 높이고
어사대의 권위를 세웠다.

주사오허우(朱紹侯)

《중국 고대사(中國古代史)》

백성을 착취하는 자는
목숨을 내놓도록 했지….

어떤 관리든 비단 한 필 이상을
횡령하고 법을 어긴 자는
모두 사형에 처하도록 했다.
그해 가을, 각지에 사람을 보내
시찰해 뇌물을 받고 법을 어긴
지방 관리 40여 명을
사형에 처했다.

주사오허우(朱紹侯)

《중국 고대사(中國古代史)》

그러면 임금을 줄 돈은 어디서 구하지?

풍태후, 태화 연간에 제도를 개편하다

다음으로, 풍태후 고양이는 '균전제'를 시행했어.

(북위) 태화 9년(485년)…
10월에 북위는 균전제령을
선포했다.

주사오허우(朱紹侯)
《중국 고대사(中國古代史)》

간단하게 설명하자면, 농민들에게
땅을 나눠주고 농사를 짓게 한 다음,

균전은…
바로 토지를 일정 단위로
나눈 뒤 가족 수에 따라
땅이 없거나 적은 백성들에게
나눠주는 것이었다.

바이서우이(白壽彝)《중국통사(中國通史)》

많은 농민이 대갓집이나 권세가에 의탁해
음부호로 전락할 수밖에 없었다… 음부호[73]는
국가에 세금을 내거나 부역할 필요가
없었기 때문이다.

바이서우이(白壽彝)《중국통사(中國通史)》

음부호가 권세가의 통제에서 벗어나도록 장려하기
위해서는 반드시 조세를 경감해야 했다…
이 조세 제도의 특징은 가구에 따라 일률적으로
징수하는 것으로, 일부일처를 한 가구로 정하고
명주 한 필과 조 두 석을 납부하게 했다.

탕창루(唐長孺)
《위진남북조수당사 강의(魏晉南北朝隋唐史 講義)》

나라에 세금을 내게 하는 거야.

---

73) 음부호(蔭附戶) : 조세와 부역 등을 피하고자 스스로 권세가 등에 의탁한 가구로, 국가에 호적이
등록되지 않음. – 역주.

이렇게 되면, 농지도 활용되고,

나라도 더 많은 돈을 거둘 수 있었지.

기존에 농민이 국가에 납부하는 세금이 종주독호제[74]하에서
종주인 권세가들이 납부하던 세금보다 적었다.
이에 음부호들이 지주인 권세가에게서 벗어나 국가에
호적을 등록하고 국가의 균전 농민이 되도록 장려했다.
이를 통해 국가의 세수는 전보다 줄어드는 것이 아니라
오히려 크게 증가했디.

탕창루(唐長孺)《위진남북조수당사 강의(魏晉南北朝隋唐史 講義)》

---

74) 종주독호제(宗主督護制) : 지방에서 큰 세력을 가진 지주, 권세가를 종주(宗主)로 임명해 백성들을
감독하고 지방 봉건 통치와 농민의 조세, 부역, 징발을 담당하게 한 제도. - 역주.

풍태후, 태화 연간에 제도를 개편하다

제도를 만들었으니 관리의 필요성이 생겼고,

정부가 관리하는
균전 농민이 늘어나자
권세가들의 반발이 일어났다…
북위는 농촌에 대한 통치를 강화하고
국가의 세수를 늘리기 위해
호구를 조사해 정권 기반을
다시 세울 필요가 있었다….

탕창루(唐長孺)
《위진남북조수당사 강의
(魏晉南北朝隋唐史 講義)》

마지막으로, 풍태후 고양이는
'삼장제'를 시행했어.

(북위 정부는)
서기 486년에
삼장제를 반포했다.

탕창루(唐長孺)
《위진남북조수당사 강의
(魏晉南北朝隋唐史 講義)》

그녀는 다섯 가구를 하나의 린(鄰)으로,

다섯 가구를
하나의 린으로 규정하고
린장 한 명을 세웠고….

탕창루(唐長孺)
《위진남북조수당사 강의
(魏晉南北朝隋唐史 講義)》

다섯 린을 하나의 리(裏)로,

다섯 린을
하나의 리로 규정하고 리장
한 명을 세웠으며….

탕창루(唐長孺)
《위진남북조수당사 강의
(魏晉南北朝隋唐史 講義)》

다섯 리를 하나의 당(黨)으로 편성하고,

다섯 리를
하나의 당으로 규정하고
당장을 한 명 세웠다.

탕창루(唐長孺)
《위진남북조수당사 강의
(魏晉南北朝隋唐史 講義)》

풍태후, 태화 연간에 제도를 개편하다

그 직책(삼장)은
시골 사람들의 논밭 관리,
호적 검사, 농민 관리,
조세 징수, 군역과
부역 징발을 담당했다.
삼장제를 통해…
정부의 법령이 지방의
가장 말단까지 비교적
잘 관철되어, 북위의
말단 통치 기구가
더욱 완벽해졌다.
주사오허우(朱紹侯)
《중국 고대사(中國古代史)》

린장, 리장, 당장이 단계별로 관리해
국가를 대리해 농민들에게서 세금을 걷도록 했지.

4년간 이 법규들을 시행하면서
북방 백성들의 삶은 점차 회복되었어.

문명태후의… 개혁은 북방의 사회,
경제에 전에 없던 발전을 가져왔다.
균전제의 시행으로 비어 있던
일부 토지가 개간되었고, 대량의
노동 인구와 토지가 결합되어
농업 생산이 빠르게 회복 및
발전되었다. 사회와 경제가
점차 번영했다.
군사과학원(軍事科學院)
《중국 군사 통사(中國軍事通史)》

북위 역시 유목 정권에서
농경 정권으로 변모하고 있었지.

중원 지역에서 시행된 균전제가
성공을 거두면서 과거 탁발 부족의…
유목업이 여전히 상당한 비중을 차지하고
있던 상황을 변화시켰다. 북위 왕조는
이때부터 농업 생산이 사회, 경제에서
절대적인 비중을 차지하게 되었다.

왕중뤄(王仲犖)《위진남북조사(魏晋南北朝史)》

게다가 이런 법규들은 이후 몇백 년간
중원의 기본 제도의 근간이 되었어.

북조에 균전제가 있었다…
수, 당의 토지 제도도
실질적으로 이와 동일했다.

천인커(陳寅恪)
《수당 제도의 연원에 대한
요약 논고(隋唐制度淵源略論稿)》

후세에서는 이를 태화개제[75]라고 불렀지.

---

75) 태화개제(太和改制) : 북위 태화 연간에 시행된 제도 개혁. – 역주.

풍태후, 태화 연간에 제도를 개편하다

여성 정치가로서,
풍 씨 고양이는 의연하고 과감해

북위 정권을 안정적으로 지켰을 뿐만 아니라,

(풍태후의) 개혁 이후 20년간,
민족 간의 충돌, 계급 간의 갈등이
어느 정도 완화되었고,
백성들의 봉기도
상대적으로 감소했다.

탕창루(唐長孺)
《위진남북조수당사 강의
(魏晉南北朝隋唐史 講義)》

발전 방향까지 설정해주었어.

풍태후는 북위 역사상 지나간 것을
이어받아 새로운 것을 창조하는
역할을 한 걸출한 인물답게 그녀가
시행한 개혁과 조치는 북위의 봉건화에
이정표가 되어 주었을 뿐만 아니라
중국의 봉건 사회 역사에
거대한 영향을 끼쳤다.

바이서우이(白壽彝)《중국통사(中國通史)》

하지만 천하를 통일하기 위해서
지금의 세력으로는 한참 모자랐는데

3년 안에 봉록제, 삼장제, 균전제
3대 개혁을 시행하며 선비족 통치에
대한 백성의 반항심이 어느 정도
완화되었다. 물론 반발이 완전히
사라진 것은 아니었다… 위나라의
본토, 즉 평성 주위의 수도권 형세
역시 매우 불안정했다.

판원란(范文瀾) 《중국통사(中國通史)》

이 발전의 중책은
그녀가 공들여 키운 그녀의 손자에게 맡겨졌지.

서기 490년, 풍태후가 죽고…
(그는) 개혁을 지속해 나갔다.

주사오허우(朱紹侯)
《중국 고대사(中國古代史)》

그가 누구냐고?

… 휘는 굉이고 현조(顯祖)
헌문제의 장남이었다….

《위서·제기 제7(魏書·帝紀第七)》

이어서 계속

풍태후, 태화 연간에 제도를 개편하다

편집자의 말 ◇◇◇◇◇◇◇◇◇◇◇◇◇◇◇◇◇◇◇◇◇◇◇◇◇◇◇◇◇◇◇◇◇◇

북위는 건국 이후 3대에 걸쳐 나라의 기초를 쌓고 발전시킨 뒤에야 비로소 정상에 올라 단번에 북방을 제패했다. 하지만 3대 황제가 죽고, 나라는 한동안 침체기에 빠졌다. 황제가 연달아 이른 나이에 사망하면서 정국이 불안해지고 중앙의 통치가 위태로워졌을 때, 북위가 이 난관을 헤쳐 나가도록 도와준 사람이 바로 풍태후였다. 그녀는 반역의 무리를 제압했을 뿐만 아니라 조정을 정비했고, 더 나아가 나라의 개혁을 위해 힘썼다. 이는 북위의 역사가 과거를 이어받아 새로운 미래를 창조하는 데 핵심적인 역할을 했다. 풍태후 이전의 북위는 약탈의 성격을 띠는 군사 집단에 더 가까웠으나, 그녀는 북위를 조금씩 안정적이고 장기적으로 발전할 수 있는 농업 국가로 바꿔 놓았다. 심지어 이와 같은 일련의 조치는 후세의 일어날 천지개벽과 같은 개혁을 위한 견고한 기초가 되었다.

풍태후 역 – 새알심

참고 문헌 : 《위서(魏書)》, 바이서우이(白壽彝)《중국통사(中國通史)》, 푸러청(傅樂成)《중국통사(中國通史)》, 판원란(范文瀾)《중국통사(中國通史)》, 주사오허우(朱紹侯)《중국 고대사(中國古代史)》, 왕중뤄(王仲犖)《위진남북조사(魏晉南北朝史)》, 장순후이(張舜徽)《중화 인민통사(中華人民通史)》, 군사과학원(軍事科學院)《중국 군사 통사(中國軍事通史)》, 탕창루(唐長孺)《위진남북조수당사 강의(魏晉南北朝隋唐史 講義)》, 선치웨이(沈起煒)《리둥팡 강사 속편·세설 양진 남북조(黎東方講史之續·細說兩晉南北朝)》, 천인커(陳寅恪)《수당 제도의 연원에 대한 요약 논고(隋唐制度淵源略論稿)》

입는 것, 먹는 것도 아끼다

풍태후는 매우 검소해서 화려한 옷
과 장신구를 즐기지 않았고, 옷과 침
구는 모두 흰색이었어. 그녀는 밥도
매우 조금 먹었는데, 자기 몫의 80%
밖에 먹지 않았지.

깊이 사랑하다

풍태후는 남편과 사이가 좋았기
때문에, 남편이 죽었을 때 크게
상심했어. 심지어는 불 속으로 뛰
어들어 자신도 함께 죽고자 했지.
구출된 뒤에도 아주 오랜 시간이
지난 뒤에야 겨우 깨어났어.

엄한 할머니와 훌륭한 손자

풍태후는 손자인 효문제에게 매우
엄격했고, 직접 데리고 다니며 교육
하고 훈련시켰어. 결국, 효문제는 탁
월한 재능과 배짱, 식견까지 지닌 정
치가로 성장했지.

야옹이들의 프로필

<부탁이야>

<흑역사>

괜찮아. 천천히 해봐.
아무리 배워도 나는 왜 그 맛이 안 날까?

공부 노트
쭈키 달른규
우롱차
자, 보고 놀라면 안 돼.
걱정하지 마. 비밀 지킬게.

여전에 배울 때는 작업할 때 사진도 찍고…
메모도 했어.

이건….

안 돼. 너무 부끄러운 과거라…
나 한 번만 보여주면 안 돼? 부탁이야!

단점:
색 조합이 너무 단조롭다.
식감의 수준이 아직
플레이팅이 별로.
음!

기다려 봐. 내가 갖다줄게.
아니면 시식해보고 평가 좀 해줄래?

나 다시는 요리 안 배울래.
악!

새알심
물병자리

생일 : 2월 14일
키 : 168cm
좋아하는 과목: 영어

(인간 새알심 소개)

제 74 장

효문 개혁

나라의 발전을 위해
북위는 한화(漢化) 개혁을 시작했어.

(북위는) 개혁을 진행해 한화를
끝까지 밀고 나갔다. 한편으로는 정치,
경제적으로 낙후된 국가의 상황을
개혁하기 위함이었고, 다른 한편으로는
한족과의 민족 간 갈등을 완화하기
위함이었다.

바이서우이(白壽彝)《중국통사(中國通史)》

(북위 태화) 8년(484년) 6월,
(풍태후는) 조서를 내려
봉록제를 반포했다.
9년, 10년, 그녀는 중요한
균전제와 삼장제의 반포와 시행을
직접 지휘했다….

바이서우이(白壽彝)
《중국통사(中國通史)》

풍태후 고양이는 제도를 개편해

개혁의 기초를 다졌지.

(풍태후의 개혁은) 북위 사회에
중대한 변화를 몰고 왔다…
이 모든 것들은 미래 개혁의
대업을 위한 견고한 기초가 되었다.

바이서우이(白壽彝)《중국통사(中國通史)》

하지만 진짜 개혁을 끝까지 진행시킨 것은
북위의 신임 황제였어.

풍태후가 죽고…
(그는) 직접 개혁을 지휘했다.
한화 정책을 시행하는 것이
주요 내용이었다.

탕창루(唐長孺)
《위진남북조수당사 강의
(魏晉南北朝隋唐史 講義)》

그가 바로 효문제,
탁발굉(拓跋宏) 고양이야.

고조 효문제의
휘는 굉이고
현조(顯祖) 헌문제의
장남이었다….

《위서·제기 제7
(魏書·帝紀第七)》

탁발굉 고양이는 어린 시절
풍태후 곁에서 자랐어.

효문제는 어려서부터
태후의 보살핌과
교육을 받으며 성장했다.
할머니를 매우 공경했고,
신중한 성격이었으며…
바이서우이(白壽彝)
《중국통사(中國通史)》

그가 태어날 때 신비한 빛이 방을 비추고
향기가 방 안에 가득했다고 해.

(북위) 황흥(皇興) 원년(467년)
8월 무신일, 효문제가
평성의 자궁(紫宮)에서
태어났다. 신비한 빛이
방 안을 비췄고,
천지에 구름과 안개가
가득했으며 상서로운 기운이
(방 안에) 충만했다.
《위서·제기 제7
(魏書·帝紀第七)》

어려서부터 책 보는 것을 좋아해서

평소 책 읽기를 매우 좋아해
손에 항상 책을 들고 다녔으며
내려놓기를 아쉬워했다.
〈오경(五經)〉의 이치를 읽고
설명할 수 있었으며, 공부할 때는
스승의 가르침에 의존하지 않고
스스로 그 속의 정교함과
오묘함을 탐구할 수 있었다.

《위서·제기 제7(魏書·帝紀第七)》

차에서도 보고,

말 위에서도 봤지.

효문제는 평생 배움에 부지런했고,
책 읽기를 즐겼다…
가마 위에서도, 군마 위에서도
경전을 강론하고 도리를 논했다.

바이서우이(白壽彝) 《중국통사(中國通史)》

효문 개혁

(북위) 황흥 5년 8월,
헌문제가 태자에게 자리를 물려주고
스스로를 태상황제라고 칭했다.
탁발굉이 황위에 올라 연호를
연흥(延興) 원년(471년)으로 고쳤다.
그의 나이는 다섯 살이었다.

바이서우이(白壽彝) 《중국통사(中國通史)》

풍태후를 따라다니며
나라를 다스리는 법을 배웠어.

태후의 오랜 엄격한 교육과
직접적인 영향으로 그(효문제)는
유가 경전, 역사 전기, 제자백가에
정통했고, 글을 쓰는 재능도
뛰어났으며, 풍부한 정치 경험도
축적된 상태였다….

바이서우이(白壽彝) 《중국통사(中國通史)》

스물세 살에 친정을 시작했을 때는
이미 노련한 정치가가 되어 있었지.

제무제 영명(永明) 8년(490년),
풍태후가 죽고 효문제가 친정을 시작했다.

푸러청(傅樂成) 《중국통사(中國通史)》

(북위) 태화(太和) 14년(490년),
효문제의 나이가 만 스물세 살이
되었다. 이때 그는 이미 탁월한
재능과 대담함, 식견까지 갖춘
청년 정치가로 성장해 있었다.

바이서우이(白壽彝) 《중국통사(中國通史)》

북위는 유목 정권으로,

북위는 유목민족이 봉건 경제가
발달한 한족의 중원 지역에 들어와
통치자가 된 정권이었다.
이는 강력한 군사력을 힘입어
무력 정복이라는 방식으로 이룬 것이었다.

군사과학원(軍事科學院)
《중국 군사 통사(中國軍事通史)》

선비족이 중원을
통치할 수 있었던 것은,
그들이 용맹하고 전쟁에 능했으며,
특히 말 위에서의 생활 방식과
전투 방식이 일치했기 때문이었다.

왕중뤄(王仲犖)
《위진남북조사(魏晉南北朝史)》

말 위에서는 전투를

말 아래에서는
소, 양을 방목했어.

(북위는) 선비 탁발 부족의
오랜 변방 생활의 영향을 받아
유목 생산이 경제에서 여전히
비교적 큰 비중을 차지하고 있었다.
수많은 농지가 목장으로 전유되었다

주사오허우(朱紹侯)
《중국 고대사(中國古代史)》

효문 개혁

전투력은 막강했지만,

자연재해에는 좀 약했지….

> (북위의) 농업 생산이 아직
> 백성들의 삶을 유지할 수준이
> 되지 않아 다른 나라와
> 정복 전쟁을 벌이거나
> 자연재해가 발생하는 경우,
> 양식이 부족하거나
> 기근이 드는 현상이 발생했다.
>
> 루야오둥(逯耀東)
> 《평성에서 낙양까지(從平城到洛陽)》

유목 경제의 불안정성 때문에
북위는 반드시 농업 경제로 전환해야 했어.

> 선비족 탁발 씨의 정권은…
> 반드시 과거의 농업과 축산업을
> 모두 중시하는 변방에서의
> 생산 방식을 버리고, 모든 경제생활을
> 농업화하는 동시에 말 위에서의
> 생활을 버리고 생활 방식을
> 모두 한화해야 했다.
>
> 왕중뤄(王仲犖)
> 《위진남북조사(魏晉南北朝史)》

그래서 탁발굉 고양이는 개혁을
한 단계 더 진행하기로 했지.

효문제는 태후의 유지를 계승해
한족 사인들을 중용하고,
각 분야에서 한 단계 더 깊게 개혁을
시행해 전면적인 한화를 추진했다.

바이서우이(白壽彝) 《중국통사(中國通史)》

첫 번째 단계는
낙양(洛陽)으로의 천도였어.

서기 490년, 풍태후가 죽고
효문제가 친정했다. 그는 개혁을
계속해 나가며 두 가지 큰 작업을
진행했다. 하나는 수도를
평성에서 낙양으로 옮기는 것이었다….

주사오허우(朱紹侯)
《중국 고대사(中國古代史)》

한의 문명을 배우려면 한족 정치와 문화의
중심지로 가야 한다는 생각이었어.

낙양은 한, 위, 서진의 옛 수도로…
어찌 되었든 낙양은 중원 정치와
문화의 중심지였다. 효문제는
이미 변방 지역에서 안으로
들어온 이상, 반드시 중국 문화의
계승자가 되리라 다짐했고,
수도를 낙양으로 정하는 것이
현명하다고 여겼다.

왕중뤄(王仲犖)
《위진남북조사(魏晉南北朝史)》

하지만 수도를 옮긴다는 결정은 엄청난 반대에 부딪히게 돼.

북방의 보수 세력은
그가 시행하는 개혁으로 인해
쉽게 떨쳐낼 수 없는 압박을
받고 있었다… 그들은 일단 자신들의
문화 중심지를 벗어나 남쪽으로
옮겨 가면 황하 유역의 기후가
상대적으로 더운 편이라
탁발 씨 부족과는 땅도 물도
맞지 않을 것이고 결국에는
사망률이 매우 높아지리라 생각했다.

루야오둥(逯耀東)
《평성에서 낙양까지(從平城到洛陽)》

수많은 옛 귀족들은
죽어도 안 가려고 했지.

이렇게 되자, 탁발굉 고양이는
방법을 바꾸기로 했어.

그는 가고 싶지 않은 고양이는
남으라고 하고는

옛 세력들의 견제로 이미 정한
개혁 계획을 추진할 수 없게 된 이상,
이러한 압박에서 벗어날 수 있는
가장 좋은 방법은 바로 그들 곁에서
떠나는 것이었다.

루야오둥(逯耀東)
《평성에서 낙양까지(從平城到洛陽)》

뒤이어 남방 정벌을 선포했지.

(북위) 태화 18년(494년) 10월,
탁발굉은 남방 정벌의 명목으로
천도에 함께하는 무리들을 이끌고
평성을 떠나 낙양으로 출발했다.

루야오둥(逯耀東)
《평성에서 낙양까지(從平城到洛陽)》

그리고 30만 대군을 우르르 이끌고는
남쪽으로 가버렸어!

기해일(495년),
위나라의 군주가 회하(淮河)를 건넜다.
2월, 북위의 군대가 수양(壽陽)에 도착했다.
그들의 수는 30만이라고 알려졌으며,
한눈에 봐도 모두 정예 기병들이었다.

《자치통감(資治通鑑)·140》

효문 개혁

비바람도 맞고,
햇볕에도 그을리며 행군하다가

때가 늦가을에 접어들자,
흐린 날씨에 비가 계속 내렸다….
바이서우이(白壽彝)
《중국통사(中國通史)》

낙양에서 잠시 쉬며 정비한 뒤
효문제는 6군에 다시 조서를 내려
남방으로 계속 진격할 것을 명했다…
신하들은 오랜 시간 행군하며
산을 넘고 물을 건넌 터라 피로가
극에 달했고, 아무도 비를 맞으며
계속 전진하길 원하지 않았다….
바이서우이(白壽彝)《중국통사(中國通史)》

낙양쯤 왔을 때, 군사들은 모두
힘들어서 쓰러질 지경이었지…

이런 상황이 되자 너도나도 탁발굉
고양이에게 행군을 멈춰 달라 간청했어.

(신하들은) 너도나도 임금의 말 앞에
꿇어앉아 머리를 조아리며 읍소했다.
바이서우이(白壽彝)《중국통사(中國通史)》

하지만 탁발굉 고양이는 매우 확고했지.

효문제가 크게 노해서 말하길,
"내가 이제 천하를 운영하고
전국을 통일하려 하고…
만약 또다시 함부로 말한다면
군법으로 다스리겠다."

바이서우이(白壽彝)
《중국통사(中國通史)》

압박에 못 이긴 신하들은
이렇게 외칠 수밖에 없었어….

남안왕 탁발정(楨) 등은 상황이
심상치 않음을 느끼고 다급히
진언하길, "옛말에 '큰 업적을 세우는
자는 무리와 의논하지 않는다'라고
했으나, 만약 폐하께서 남방 정벌의
계획을 멈추고 낙양으로 천도한다면,
이것이야말로 신들의 소원이자
백성들에게는 큰 기쁨일 것입니다!"
모두가 함께 외치길, "만세!"

바이서우이(白壽彝)《중국통사(中國通史)》

그렇게… 천도에 성공한 거야!

당신 수많은 선비족 대신은
내륙으로의 천도를 원하지 않았으나
남방 정벌이 너 두려워 이에
따를 수밖에 없었고 감히 이견을
내지 못했다. 마침내 천도라는
큰 계획이 확정되었다.

바이서우이(白壽彝)《중국통사(中國通史)》

효문 개혁

탁발굉 고양이의 강경한 태도에
북위의 다른 고양이들도 연속적으로 낙양으로 옮겨왔어.

천도가 진행되면서
대규모의 선비족이 끊임없이
내륙으로 밀려 들어왔다….
바이서우이(白壽彝)
《중국통사(中國通史)》

물론, 몇몇 고집불통 빼고….

탁발굉이
천도의 무리를 이끌고
평성을 떠난 뒤, 북방에 남은
보수 세력들은 더욱 완강해졌다.
루야오둥(逯耀東)
《평성에서 낙양까지
(從平城到洛陽)》

반면, 천도에 승리한 탁발굉 고양이는 더 큰 자신감을 얻었지.

낙양 천도 이후,
효문제는 곧장 선비족의
옛 관습을 개혁하는 작업에
착수했고 전면적으로
한화를 진행했다.

바이서우이(白壽彝)

《중국통사(中國通史)》

호족의 의복은

일률적으로 한족의 의복으로 바꾸도록 했고,

(효문제는) 조서를 내려
백성들이 호족 의복을 입는 것을
금지했고, 선비족과 다른 북방
소수민족 모두 일률적으로
한족 의복을 입도록 규정했으며,
조정 백관 역시 한족 관복을
입도록 했다.

바이서우이(白壽彝)

《중국통사(中國通史)》

선비어도,

일률적으로 한어로 바꾸도록 했지.

(효문제는) 한어를 '정음(正音)',
선비어는 '북어(北語)'로 규정하고,
"북어를 버리고 모두
정음을 따르라"는 명을 내렸다.

주사오허우(朱紹侯)
《중국 고대사(中國古代史)》

조정에서 북어를
말하는 자가 있으면 파면했다.
구체적으로는, 서른 살 이상은
한 번에 바꾸는 게 어려우므로
강요하지 않았으나,
서른 살 이하는 조정에서 반드시
한어로 이야기해야 했다.

주사오허우(朱紹侯)
《중국 고대사(中國古代史)》

서른 살 이하의 관리가 감히
선비어를 썼다가는 곧장 내쫓겼어.

선비족 고양이의 성 역시

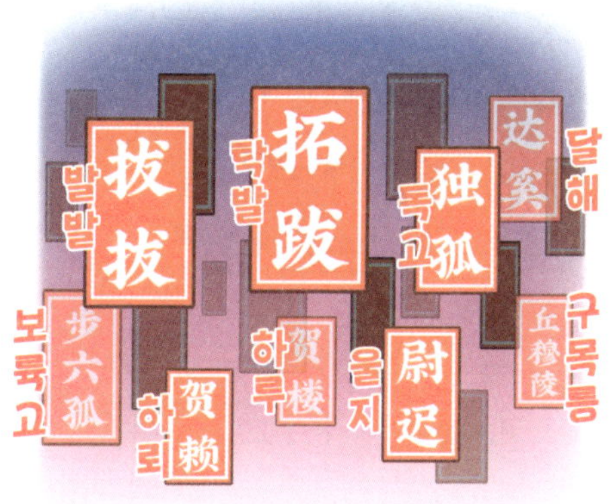

선비족은 대부분
탁발, 독고, 보륙고 등
두, 세 글자의 복성을 사용해
한족과 달랐다.

주사오허우(朱紹侯)

《중국 고대사(中國古代史)》

(효문제는)
발발 씨를 장손 씨로,
달해 씨를 해 씨로,
을전(乙旃) 씨를 숙손(叔孫) 씨로,
구목릉 씨를 목 씨로,
보륙고 씨를 육 씨로,
하뢰 씨를 하 씨로,
독고 씨를 유 씨로,
하루 씨를 루 씨로,
물뉴우(勿忸于) 씨를 우(于) 씨로,
울지 씨를 위 씨로
바꾸기 시작했다.
나머지 바뀐 성 씨들은
너무 많아 기록할 수 없다.

《자치통감(資治通鑑)·140》

모두 한족의 성으로 바꿨지.

탁발굉 고양이는 본인이 가장 먼저
'원(元)굉'으로 성을 바꿨어.

위나라 군주가 조서를 내려 이르길,
"북방 사람들은 땅을 '탁(拓)'이라 하고,
임금을 '발(拓)'이라 하고, 북위의 선조가
황제[76]로부터 나와 토덕(土德)으로
왕이 되었기 때문에 성을 탁발 씨로 했다.
토(土)는 중앙의 색이자 만물의 근원이니
마땅히 성을 원(元) 씨로 고쳐야 한다."

《자치통감(資治通鑑)·140》

심지어, 선비족이 죽으면 모두 여기에
묻혀야 한다는 조령도 내렸지….

효문제는 다시 조령을 발표해
낙양으로 이주한 선비족은
죽은 뒤에 하남에 묻혀야 하며
평성으로 이장할 수 없다고 규정했다.

바이서우이(白壽彝)《중국통사(中國通史)》

개혁가로서 원굉 고양이는 강경한 방식으로
호족과 한족의 대융합을 한 단계 더 심화시켰어.

(효문제의) 개혁 조치는…
선비족과 한족의 융합을
한 단계 더 심화하는 데
유리한 조건을 만들어주었다.

왕중뤄(王仲犖)
《위진남북조사(魏晉南北朝史)》

---

76) 황제(黃帝) : 중국 고대 전설 속 삼황(三皇) 중 하나로, 곡물 재배를 가르치고 문자, 음악 등을 정했
다고 전해짐. – 역주.

전면적인 한화를 통해
북위는 한족 문명으로부터 점차 정통성을 인정받았고,

북위는 점차 정통 왕조로
한족에게 인정받게 되었고,
'북조'라고 불렸다.

고단샤《중국의 역사 5 –
중국의 붕괴와 확장 : 위진남북조
(中國的歷史5 – 中華的崩潰與擴大 :
魏晉南北朝)》

북방 민족 간의 갈등도 완화되었지.

효문제가 실시한 한화 정책을 통해
선비 귀족은 새로운 기초 위에서
통치 지역 내 한족 지주로부터
일정 부분 협조를 얻었고,
일반 한족 백성과의 갈등도
점차 완화되었다.

바이서우이(白壽彝)《중국통사(中國通史)》

한화를 거친 북위는 한 단계 더 발전했는데,

효문 개혁

농업 경제가 발전했고,

북위의 농업은 꽤 큰 발전을 이루었다.
태화 14년(490년), 관중에 큰 기근이 들자
고려(高閭)가 상소를 올려 말하길,
"한 해 동안 거두지 못했으나 큰 손실이
나지는 않았습니다"라고 한 것으로 보아,
이미 일정량이 비축되어 있었음을
알 수 있다. 효문제 말년에는 이미
"국가와 개인이 모두 풍족해 때로 홍수나
가뭄이 발생하더라도 근심거리가
되지 않았다."

주사오허우(朱紹侯)
《중국 고대사(中國古代史)》

이 시기의 북위가 다스리던
백성들의 수가 크게 늘어
대략 서진 통일 시대의 두 배였다.
서진에는 245만 가구가 있었으나,
개혁 후의 북위에는
500만 가구가 있었다.

탕창루(唐長孺)
《위진남북조수당사 강의
(魏晉南北朝隋唐史 講義)》

아기 고양이들도 많이 태어났으며,

국가의 세수도 대폭 상승했어.

(북위는) 나라가 직접 관리하는 인구가
크게 늘었다. 이에 따라 국고 수입도
늘어 국력이 더욱 강해졌다….

탕창루(唐長孺)
《위진남북조수당사 강의
(魏晉南北朝隋唐史 講義)》

효문제의 개혁은 서진 이후
각 유목민족과 한족 간의 투쟁과 융합을 총체적으로 마무리했고,

법률적 형식으로 여러 민족이
하나가 된 성과를 인정한 거야.

효문제의 개혁은
서쪽과 북쪽의 여러 민족이
잇따라 중원에 들어온 이후의
민족 간 투쟁과 융합을
종합적으로 정리한 것이다.
이 개혁은 법적 형식을 통해
여러 민족의 융합 성과를
인정했으며, 다시금 선비족을
중심으로 한 북방 여러 민족의
봉건화와 한족을 주체로 한
민족 대융합의 발전을 촉진했다.

주사오허우(朱紹侯)
《중국 고대사(中國古代史)》

한편, 국가의 중심이 남쪽으로 옮겨 가면서,

효문제의 개혁 이후,
북위의 사회, 경제가 발전하면서
새로운 수도 낙양이 번영했다.

바이서우이(白壽彝)
《중국통사(中國通史)》

북방에 남아 있던 옛 선비 귀족의 지위는
낮아지기 시작했어.

효문제의 개혁에도 부정적인
영향이 있었는데… 북방 변경 지역에
살던 탁발 부족과 각 민족의 백성들은
더욱 궁핍해졌다. 낙양의 귀족과
북방 변경 지역의 탁발 부족 통치자
사이, 탁발 부족과 각 민족 백성
사이의 격차가 모두 매우 컸다.

탕창루(唐長孺)
《위진남북조수당사 강의
(魏晉南北朝隋唐史 講義)》

육진(六鎭)은 북위의 군사적 요새로…
북위는 줄곧 평성을 수도로 삼아…
육진의 수령들, 나아가 육진의
일반 병사들은 비교적 높은 신분으로…
그러나 낙양 천도 이후, 평성이 더 이상
수도의 역할을 하지 않게 되면서,
육진 역시 군사적 의미를 잃었고
장병들의 지위는 한순간에
곤두박질쳤다.

바이서우이(白壽彝)《중국통사(中國通史)》

특히 국경 지역을 지키고 있던 귀족들은

원래의 모든 영광을 잃어버렸지.

그들은 멀리 사막 북쪽에 있어
한족 문화를 접할 기회가 적었고,
남쪽으로 옮겨 간 선비 귀족과
문화적인 차이와 심리적인 장벽이
생겨났고, 경제적인 지위도
열세에 처하게 되었다.

바이서우이(白壽彝)

《중국통사(中國通史)》

이런 불균형 아래
북위를 분열시킬 도화선이 심어졌어.

국경 수비군을 구성하는
탁발 부족과 낙양의 선비 귀족은
같은 민족이었으나 둘의 지위에는
현격한 차이가 생겼고,
이로 인한 불만이 생겨났다.

탕창루(唐長孺)

《위진남북조수당사 강의
(魏晉南北朝隋唐史 講義)》

이어서 계속

효문 개혁

선비족 출신 황제였던 효문제는 왜 개혁을 선택하고 강력하게 한화를 추진했을까? 근본적인 원인은 자신의 통치를 공고히 하고 나라를 발전시키기 위해서였다. 다만 그가 성공할 수 있었던 이유는 북위의 환경 변화와 밀접한 관련이 있다. 사실 나라를 세운 이래로 북위는 끊임없이 한족 문화에 더 깊이 접촉하려 했다. 제도적으로는 한족 왕조의 중앙 집권을 학습했고, 경제적으로는 농업 발전을 장려하는 데 애썼으며, 문화적으로는 유가를 떠받들고 〈주례〉[77]를 중시했다. 효문제 때는 이미 이러한 조치들이 추진된 지 근 100년이 되어 한족 문화가 총체적으로 사회에서 인정받은 시기였다. 효문제, 그리고 그와 동년배인 젊은 사람들은 어린 시절부터 한족 문화를 보고 들어 익숙했고, 모두 깊이 있는 한학 교육을 받으며 성장했다. 이런 사회 환경과 성장 분위기가 스며 있었던 효문제는 선비족 문화에 대한 '집념'이 강하지 않아 더욱 객관적으로 한족 문화를 바라볼 수 있었다. 이런 배경 아래, 그는 최종적으로 개혁을 향한 결연한 발걸음을 내디뎠다.

탁발굉 역 – 순두부

참고 문헌 : 《위서(魏書)》, 《자치통감(資治通鑑)》, 고단샤 《중국의 역사 5 - 중국의 붕괴와 확장 : 위진남북조(中國的歷史5 - 中華的崩潰與擴大 : 魏晉南北朝)》, 바이서우이(白壽彝) 《중국통사(中國通史)》, 푸러청(傅樂成) 《중국통사(中國通史)》, 판원란(范文瀾) 《중국통사(中國通史)》, 주사오허우(朱紹侯) 《중국 고대사(中國古代史)》, 왕중뤄(王仲犖) 《위진남북조사(魏晉南北朝史)》, 루야오둥(逯耀東) 《평성에서 낙양까지(從平城到洛陽)》, 군사과학원(軍事科學院) 《중국 군사 통사(中國軍事通史)》, 탕창루(唐長孺) 《위진남북조수당사 강의(魏晉南北朝隋唐史 講義)》

---

77) 주례(周禮) : 중국 전국시대 문인이 편찬한 42권의 유가경전. – 역주.

문무 겸비

효문제의 '무예'는 직접 대군을 이끌고 남방을 정벌해 남조가 거듭 패해 후퇴하게 만들 수 있는 정도였고, '학문'은 직접 예법과 법률 조항 등을 제정할 수 있는 정도였어. 심지어 아주 잘 만들었다고!

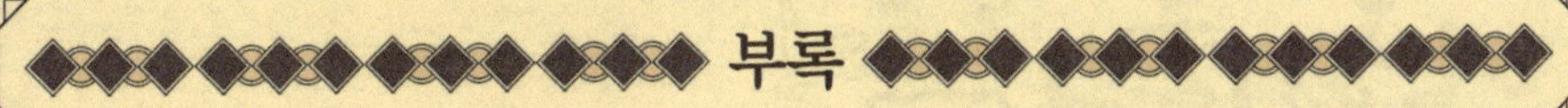

새로운 수도, 낙양

효문제가 낙양으로 천도한 뒤, 북위가 번영함에 따라 낙양도 더욱 발전했어. 수많은 나라와 도시의 상인과 여행객들의 왕래가 끊이지 않아 국제 도시라고 할 만했지.

다 내 탓이야

효문제는 '죄기조'[78]를 쓰는 것을 좋아했어. 가뭄이 발생해 수확이 어려워진 것도 자기 잘못이요, 홍수가 나는 것도 하늘이 자신을 벌하는 것이라며, 곧장 곳간을 열어 곡식을 나눠주며 백성을 구제했지.

---

78) 죄기조(罪己詔) : 왕(황제)이 자기 잘못을 인정하는 조서. – 역주.

야옹이들의 프로필

<재능 1>

<재능 2>

순두부

천칭자리

생일 : 10월 16일
키 : 165cm
좋아하는 과목: 역사

(인간 순두부 소개)

BADMINTON

순두부의 게임 존

Douhua's Game Zone

제 75 장

북위의 분열

육진은 북위의 변경을
지키는 지역이었어.

북위 초기 수도는 평성으로,
수도를 지키고 북방 유목민족인
유연족의 위협을 받지 않도록
평성의 북쪽을 따라 여섯 개의
군사적 거점을 설치했는데
이것이 바로 육진이었다.

왕중뤄(王仲犖)
《위진남북조사(魏晉南北朝史)》

이전에 황시(皇始) 연간에 변방을
지키는 임무가 가장 중시되어,
친근하고 어질며 능력 있는 사람들을
대규모 선발해 함께 군대를 지휘하고
요충지를 지키게 했다.
또한, 명문대가의 자제들을 배치해
그들에게 목숨을 걸고 적을 막도록 했다.
그렇다고 관직에 나갈 기회가 없어지는
것도 아니었고, 오히려 부역 면제라는
혜택을 받을 수도 있었다.
당시 사람들은 모두 이를
매우 부러워했다.

《북사·열전 제4(北史·列傳第四)》

육진 백성들은 좋은 대우를
받았을 뿐만 아니라,

긍지로 충만했지.

육진의 장수부터 일반 병사들은
모두 비교적 고귀한 신분을 가졌으며,
육진의 군사가 된다는 것은
영광스러운 일이었다.

바이서우이(白壽彝)《중국통사(中國通史)》

하지만 효문제가 한화 개혁을 시행하면서,

수도를 남쪽 낙양으로 옮기자

그러나 낙양 천도 이후,
평성이 더 이상 수도의
역할을 하지 않게 되면서,
6진 역시 군사적 의미를 잃었다.

바이서우이(白壽彝)
《중국통사(中國通史)》

육진의 백성들은
더 이상 과거의 영광을 누릴 수 없었어.

씨족 부락 구성원들이 군에 들어가는 것은
의무이자 권리였으나, 탁발 씨가
봉건화를 진행한 뒤에는 군역을 부담하는
가구의 신분이 일반 사람들보다
한 단계 낮았다. 게다가 북위의 한화 이후
북위 정부는 한나라 제도의 영향을 받아
범죄자를 육진으로 보내 군역을 지게 했다.
이로 인해 육진의 병사와 백성들은
더욱 열악한 환경에 놓이게 되었다.

바이서우이(白壽彝)《중국통사(中國通史)》

더 최악인 것은
수도가 된 낙양은 갈수록 발전하는데

육진은… 여전히 그대로라는 점이었지….

이런 불균형으로 인해

폭동이 일어났어!

이게 바로 역사에서 말하는
'육진의 난'이야!

이후의 진전 과정 중에 폭동은 점차 평정되었지만,

---

79) 수주(戌主) : 한 지역을 지키는 장군 혹은 관리. − 역주.
80) 이주영(爾朱榮) : 북위의 장군이자 권신. − 역주.

반란을 진압한 장수들이
중앙을 위협하는 군사 세력으로 탈바꿈했어.

북방의 각 민족들이
대규모 봉기를 일으키며
심각한 타격을 입게 되자,
북위 황조는 빈 껍데기로 전락하고
실권은 봉기를 진압하며 세력을
일으킨 이주영의 손에 떨어졌다.
바이서우이(白壽彝) 《중국통사(中國通史)》

그중 두 고양이가 가장 눈에 띄었는데,

이주영의 세력이
쇠퇴하자 북방에는
또다시 대권을 장악한
두 인물이 나타났다.
바이서우이(白壽彝)
《중국통사(中國通史)》

하나는 한족 출신의 고환(高歡) 고양이,

고환은 한족 출신이었으나
여러 해 동안 북방 변경에서
생활하며 선비족의 풍습을 익혔고,
그들과 동화되었다.
바이서우이(白壽彝)
《중국통사(中國通史)》

다른 하나는 선비족 출신의
우문태(宇文泰) 고양이였지.

우문태(507년~556년)의
자는 흑랄(黑獺)이고,
대(代)군 무천(武川)(지금의 내몽골
우촨(武川) 서쪽 지역) 출신의
선비족이었다….
바이서우이(白壽彝)
《중국통사(中國通史)》

이 두 고양이는 사실 모두 반란군 소속이었는데,

나중에는 한 형님을 따라
조정이 반란군을 평정하는 것을 도왔어.

(고환) 봉기군은 배신해
이주영에 투항해 이주영을 따르며
봉기를 진압했다.
탕창루(唐長孺)
《위진남북조수당사 강의
(魏晉南北朝隋唐史 講義)》

우문태는 갈영 휘하에 있었으나
갈영이 실패하자 다시 이주영에게
돌아갔다… 관중 백성의
봉기를 진압했다.
주사오허우(朱紹侯)
《중국 고대사(中國古代史)》

그 형님은 조정과 민간에 걸쳐
큰 권력을 가지고 있었으나

이주영은 강력한 기병의 힘을 빌려
각지의 봉기군을 진압했고,
이주 씨의 세력은 빠르게 발전했다.

군사과학원(軍事科學院)
《중국 군사 통사(中國軍事通史)》

조정과 사이가 좋지 않았고,

하지만 이주영은
북위 조정에 충성하지 않았다.
그의 진짜 목적은 봉기의
화염을 잠재우고 그 기회에
자신의 세력을 늘려
정권을 빼앗는 것이었다.

탕창루(唐長孺)
《위진남북조수당사 강의
(魏晉南北朝隋唐史 講義)》

한바탕 힘겨루기 끝에

이주영은 제멋대로 난폭하게 굴었으며,
북위의 정권을 탈취할 음모를 꾸몄다.
이로 인해 효장제와의 갈등이
날이 갈수록 첨예해졌다.

주사오허우(朱紹侯)
《중국 고대사(中國古代史)》

그와 그가 옹립한 황제 둘 다 죽었지….

한순간에 북위 전체가 권력 진공 상태가 된 거야.

고환 고양이와 우문태 고양이는
이 기회를 틈타 독자 세력을 키웠어.

우문태는 진(秦), 롱(隴) 지역을 평정한 뒤,
세력이 강해졌고… 황제의 명으로
시중, 표기대장군(驃騎大將軍),
개부의동삼사(開府儀同三司),
관서대도독(關西大都督)에 임명되었으며,
악양현공(略陽縣公)에 봉해졌다.
바이서우이(白壽彝)
《중국통사(中國通史)》

이주 씨 각 문파의 세력이
고환에게 빠르게 소멸당했다…
고환은 스스로 대승상,
천주대장군(天柱大將軍), 태사(太師)
등의 자리에 올라 북위 정부의
실권을 단단히 움켜쥐었다.
바이서우이(白壽彝) 《중국통사(中國通史)》

고환이 낙양에 진입해 이주 씨가
옹립한 절민제(節閔帝) 원공(元恭)과
허수아비에 불과했던 원랑(元朗)을
(위나라 종실의 방계라는 이유로) 폐해
죽이고, 원수(元脩)를 황제로 세웠다.
그가 북위 효무제다.
바이서우이(白壽彝) 《중국통사(中國通史)》

당시의 북위는
명목상으로는 아직 원(탁발) 씨의 나라였지만,

어떤 것도… 어린 황제가
결정할 수 있는 것은 없었어.

고환이 실질적으로
조정을 통제하며, 제멋대로
난폭하게 권력을 휘두르면서
효무제와 금방 갈등이 생겨났다.
바이서우이(白壽彝)
《중국통사(中國通史)》

불쾌하기 짝이 없었지….

원수는 자신이
허수아비 노릇을 하는 것이
달갑지 않았고, 고환과의 관계에
날이 갈수록 긴장감이 흘렀다.
군사과학원(軍事科學院)
《중국 군사 통사(中國軍事通史)》

어린 황제는 고환 고양이 토벌을 선포했어.

(북위) 영희(永熙) 3년(534년) 5월,
위나라 효무제가 조서를 내려
하남의 여러 주에서 군사들을
모아 직접 남방의 소량(蕭梁) 왕조를
공격할 것이라고 공표했으나,
이는 사실 진양(晉陽)을 습격해
고환을 제거하기 위함이었다.

바이서우이(白壽彝) 《중국통사(中國通史)》

하지만… 아주 빠르게 실패했지….

고환은 효무제의 속셈을 간파하고
조서에 따라 남방 토벌에 참여한다는
명목으로 24만 대군을 소집한 뒤
네 갈래 길로 나눠 대거 남하했다.
7월, 고환은 군사를 이끌고
강을 건너 효무제가 낙양을
포기할 수밖에 없도록 만들었다….

바이서우이(白壽彝) 《중국통사(中國通史)》

그러자 그는 망설임 없이 돌아서 다른 고양이에게 의탁하기로 했어.

그게 바로 관중 지역으로 향했던 우문태 고양이야.

원수는 대세가
이미 기운 것을 보고
서쪽 관중으로 도망쳐
우문태에게 의탁했다.
군사과학원(軍事科學院)
《중국 군사 통사(中國軍事通史)》

황제가 가세하자

우문태 고양이의 세력은 순식간에 아주 커졌지.

이때부터…
고환과 우문태 모두 재상의
지위에 올라 군사적, 국가적 대사를
모두 그들이 속한 부서에서
총괄하며 실질적인
통치자가 되었다….
바이서우이(白壽彝)
《중국통사(中國通史)》

다들 알다시피 "천자를 끼고 제후들을 호령한다(挾天子以令諸侯)"라는
말이 있잖아.

천자가 우문태 고양이 편에 서자
고환 고양이는 난감해졌어….

효무제가 서쪽으로 달아나며
고환은 정치적 자본을 잃었다.
그는 총 40여 통의 편지를 보내며
효무제의 귀환을 요청했으나
모두 거절당했다.

바이서우이(白壽彝)
《중국통사(中國通史)》

어쩔 수 없이 그는 아예
새로운 황제를 다시 세워 보좌했지.

고환은 연호를 바꾸고
불과 열한 살이었던
원선견(元善見)을 황제로 세웠다.
그가 위나라 효정제였다.

바이서우이(白壽彝)
《중국통사(中國通史)》

우문태 고양이에게 의탁한 어린 황제는

(효무제는) 우문태를 지원하고,
그 힘을 빌려 고환을 치려 했다….
바이서우이(白壽彝)
《중국통사(中國通史)》

명목상으로는 황제였지만

어떤 것도…
여전히 그가 결정할 수 있는 것은 없었어….

(효무제는) 수도를
장안으로 옮겼으나
정치는 우문태가 좌우했고,
여전히 그는 다른 사람의
제약을 받았다.
바이서우이(白壽彝)
《중국통사(中國通史)》

시간이 꽤 지나고,
우문태 고양이는 그가 별 쓸모도 없고
성가시게 굴기까지 하니…

(효무제는) 마음속에 불만이 있어
우문태와 점차 사이가 틀어졌고,
그의 불만은 말과 표정에서
드러났다.

바이서우이(白壽彝)
《중국통사(中國通史)》

손쉽게 죽여버렸지.

(북위) 영희 3년(534년) 12월,
우문태는 독주로
효무제를 살해했다….

바이서우이(白壽彝)
《중국통사(中國通史)》

그리고 마찬가지로
새로운 황제를 세워 보좌했어.

(우문태는) 서기 535년에
효무제의 손자인 원보거(元寶炬)를
황제로 세웠다….

바이서우이(白壽彝)
《중국통사(中國通史)》

마침, 양측 모두
군사력을 가지고 있고,

양측 모두 자기 황제가 '정품'이라고 주장했지…

북위는 이때부터 분열되기 시작했어.

고환 고양이 쪽은 동위(東魏),

서기 534년… 고환은
위나라 종실 출신 원선견을
황제로 세우고, 업성으로 천도했다.
역사에서 이를 동위라고 불렀다.

군사과학원(軍事科學院)
《중국 군사 통사(中國軍事通史)》

우문태 고양이 쪽은 서위(西魏)라고 불렸고,

우문태는 짐새의 독으로
원수를 살해하고… 이듬해(535년)에
연호를 대통(大統) 원년으로 바꿨다.
역사에서 이를 서위라고 불렀다.

군사과학원(軍事科學院)
《중국 군사 통사(中國軍事通史)》

원(탁발) 씨 황제는 두 나라의
정치적 꼭두각시가 되었지.

(고환과 우문태가)
실질적인 통치자가 되었고,
원 씨 황제는 꼭두각시에 불과했다.

바이서우이(白壽彝)《중국통사(中國通史)》

20여 년이 흐른 뒤에야 동위와 서위는

북제(北齊)와 북주(北周)로 대체되었어.

동위와 서위는 그리 오래 가지 못했다.
550년, 고환의 아들 고양(高洋)이
동위를 폐하고 북제를 세웠다.
557년, 우문태의 아들 우문각(宇文覺)
역시 서위를 폐하고 북주를 세웠다.
이렇게 주나라와 제나라의 대립 국면이
형성되었다.

주사오허우(朱紹侯) 《중국 고대사(中國古代史)》

상대를 제거하기 위해
북제와 북주는 수년간 전쟁을 계속했고,

(북제와 북주) 두 할거 왕조는
모두 상대를 집어삼키려 했고,
끊임없이 전쟁을 일으켰다.

왕중뤄(王仲犖)
《위진남북조사(魏晉南北朝史)》

북위의 분열

결국 북주가 승리하면서
정식으로 북방을 통일했지.

(북주) 건덕(建德) 6년(577년), 주무제가
군사를 보내 하루하루
쇠퇴해 가던 북제를 멸망시키고
북방 황하 유역과 장강 상류의
방대한 지역을 통일했다.

군사과학원(軍事科學院)
《중국 군사 통사(中國軍事通史)》

북위에서 북주로의 대변혁을 겪으며
북방 민족의 대융합은 기본적으로 완성된 상태였어.

남북조 후기에 이르러,
특히 육진의 난 이후,
북방 민족의 융합은
이미 완성 단계에 이르러 있었다.

탕창루(唐長孺)
《위진남북조수당사 강의
(魏晉南北朝隋唐史 講義)》

맹렬한 불과 같은 역사가 호족과 한족이
결합된 북주와 같은 정권을 단련해냈지.

(우문태는) 위 말기 육진의 난을
한화에 대한 선비족의 반항이라고
생각했다. 하지만 그는 한화를
하지 않으면 발전도 없다는 것
역시 알고 있었다. 그래서 그가
택한 방법은 군사는 선비화,
정치는 한화해… 한족과 선비족
사이의 균형을 조절했다….

바이서우이(白壽彝)《중국통사(中國通史)》

한편, 북주가 북방 통일의 기쁨에 잠겨 있을 때…

한 외척 고양이가 역사의 무대에
오르려 하고 있었어.

> 서기 578년, 뛰어났던 북주의 군주
> 무제가 병으로 죽고, 그의 아들 우문윤
> (宇文贇)이 황위를 계승해 선제가 되었다…
> 그는 독단적이었고 향락을 즐겼으며
> 무절제한 인물로, 얼마 지나지 않아
> 병을 얻어 죽었다… 주선제의 아들인
> 주정제는 여덟 살로 아직 나이가 어려…
> 북주의 대권은 선제의 황후
> 양 씨의 아버지… 손에 넘어갔다.
>
> 바이서우이(白壽彝)《중국통사(中國通史)》

그는 누구였을까?

> … 휘는 견이었고, 홍농(弘農)의
> 화음(華陰) 출신이었다.
>
> 《수서·제기 제1(隋書·帝紀第一)》

이어서 계속

편집자의 말 ◇◇◇◇◇◇◇◇◇◇◇◇◇◇◇◇◇◇◇◇◇◇◇◇◇◇◇◇◇◇◇◇

북위는 386년에 제1대 우두머리 탁발규가 칭제한 이후 동위, 서위로 분열된 534년까지 총 148년 동안 지속되었다. 북위 정권은 북방에 근 1세기에 달하는 안정과 평화를 가져다주었고, 백성들은 즐겁게 일하며 평안하게 살 수 있었다. 가장 중요한 점은 북위가 정책적인 측면에서 줄곧 각 민족 간의 화합과 공존을 위해 힘쓰고, 민족 문화의 융합을 촉진함으로써, 다민족 국가의 형성에 있어서는 이정표와 같은 역할을 했다는 점이다. 하지만 효문제 이후의 북위 황제 대부분이 연약하며 무능했고, 새로운 수도인 낙양이 번영하면서 통치 집단 내에 사치 열풍이 일어나 북위의 중앙은 갈수록 부패했다. 반면에 변경 지역의 빈곤은 아무도 거들떠보지 않아 백성들은 더 이상 견디기 힘들어졌고, 결국 북위는 분열의 운명을 맞이하게 되었다. 안타까운 결말을 맞기는 했으나 역사 발전 속 북위의 지위와 그 영향력에 대한 이견은 없을 것이다.

참고 문헌 : 《북사(北史)》, 《수서(隋書)》, 바이서우이(白壽彝) 《중국통사(中國通史)》, 주사오허우(朱紹侯) 《중국 고대사(中國古代史)》, 왕중뤄(王仲犖) 《위진남북조사(魏晉南北朝史)》, 군사과학원(軍事科學院) 《중국 군사 통사(中國軍事通史)》, 탕창루(唐長孺) 《위진남북조수당사 강의(魏晉南北朝隋唐史 講義)》, 푸러청(傅樂成) 《중국통사(中國通史)》

말 솔질 기술로 승진하다

고환은 사실 말 솔질 실력으로 관직에 오른 사람이야. 당시 주인집에는 사람을 발로 차는 것을 좋아하는 말이 있었는데, 고환이 솔질을 해줄 때만 얌전해졌어. 주인은 이를 보고 고환이 보통 사람이 아니라고 생각해 그를 등용했지.

몰래 어필하다

우문태는 사실 북위의 황제에게 은밀하게 여러 번 충심을 전달했어. 게다가 고환의 흉도 꽤나 봤지. 결국 황제는 그를 무조건 믿게 되었고, 그 역시 적극적으로 그 품에 안겼어.

여보 최고

젊은 시절에 고환은 매우 가난했는데, 부유한 아내와 결혼하면서 말도 사고 군대에 들어갈 수 있게 되었고, 그의 정치 인생도 정식으로 시작되었지.

야옹이들의 프로필

만두 극장

<문제 분석>　　　　<공유>

81) 흑묘경장(黑貓警長) : 범죄를 해결하는 검은 고양이 형사 이야기를 다룬 중국 애니메이션. − 역주.

만두

전갈자리

생일 : 10월 31일
키 : 168cm
좋아하는 과목: 음악

(인간 만두 소개)

293

만두의 게임 존

Mantou's Game Zone

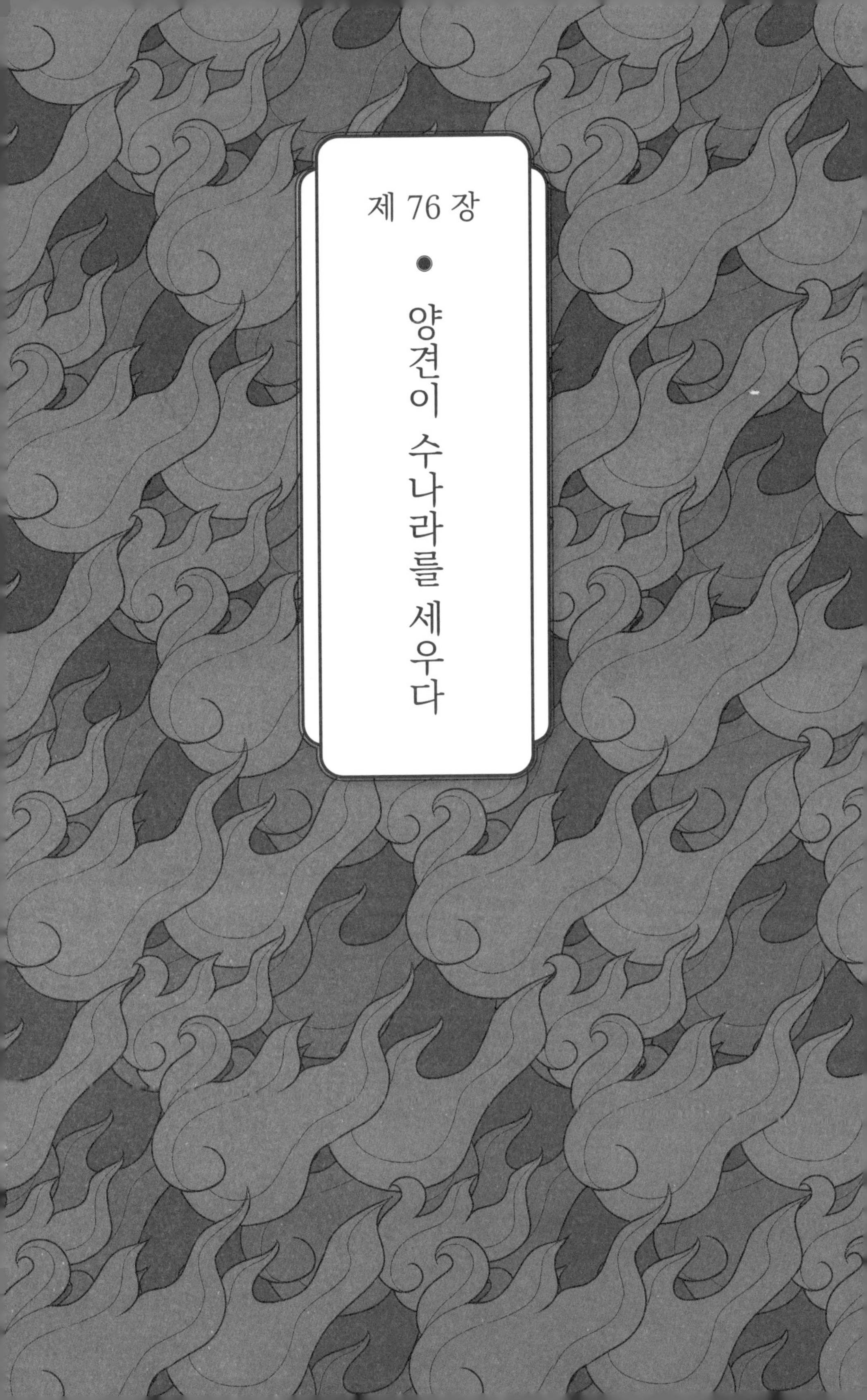
제 76 장

양견이 수나라를 세우다

북위가 분열되고

북위 효무제 영희 3년(534년)부터
북위 왕조는 분열되었다.

군사과학원(軍事科學院)
《중국 군사 통사(中國軍事通史)》

북제와 북주는 수십 년간 전쟁을 이어갔어.

(북제와 북주) 두 할거 왕조는
모두 상대를 집어삼키려 했고,
끊임없이 전쟁을 일으켰다.

왕중뤄(王仲犖)
《위진남북조사(魏晉南北朝史)》

북주가 최후의 승자가 되면서

(북주) 건덕 6년(577년), 주무제가
군사를 보내 북제를 멸망시켰다….

군사과학원(軍事科學院)
《중국 군사 통사(中國軍事通史)》

우문 씨 가문이 새로운 북방의 주인이 되었지.

…주나라와 제나라의 대립 국면을
종결시키고, 중국 북방을
다시 통일했다.
군사과학원(軍事科學院)
《중국 군사 통사(中國軍事通史)》

하지만 기뻐할 틈도 없이…

한 고양이가 나타나
북주의 통치를 끝장냈어.

1년도 채 되지 않아 그는
북주의 정권을 완전히 빼앗았다.
군사과학원(軍事科學院)
《중국 군사 통사(中國軍事通史)》

양견이 수나라를 세우다

그가 바로 양견(楊堅) 고양이야!

고조 문황제의 성은
양 씨였고, 휘는 견이었으며,
홍농의 화음 출신이었다.
《수서·제기 제1(隋書·帝紀第一)》

양견 고양이는 금수저를 물고 태어난 '공무원 N세'였어.

그의 조상은 동한 시절부터

한나라 태위(太尉) 양진(楊震)의
8대손 양현(楊鉉)은
연나라 북평(北平)의 태수(太守)를 지냈다.
양현의 아들 양원수(楊元壽)는
이후 위나라 무천진의 사마(司馬)를
지냈으며, 그의 자손은
무천에 정착하게 되었다.
《수서·제기 제1(隋書·帝紀第一)》

그의 아버지에 이르기까지 모두 관직에 있었고
그의 아버지는 심지어 개국 대장군이었지.

양충(楊忠)은
그의 돌아가신 아버지로,
주나라 태조를 따라 관서에서 봉기했고,
보륙여(普六茹) 씨를 하사받았으며,
직위는 주국(柱國), 대사공(大司空),
수국공(隋國公)까지 올랐다.
《수서·제기 제1(隋書·帝紀第一)》

그래서 그는 관직에 오르자마자
마치 로켓이라도 탄 것처럼

열네 살에 장안(長安) '시의원'이 되고,

(양견은) 열네 살에
경조윤(京兆尹) 설선(薛善)에 의해
공조(功曹)에 임명되었다.
《수서·제기 제1
(隋書·帝紀第一)》

열다섯 살에 대장군이 되었으며,

열다섯 살에는
태조의 공헌으로 산기상시(散騎常侍),
거기대장군에 임명되었다….
《수서·제기 제1(隋書·帝紀第一)》

30대에 이미 군대에서 일인자가 되었어.

이듬해(576년),
황제를 따라 제나라를 평정하고,
주국의 자리에 올랐다.
《수서·제기 제1(隋書·帝紀第一)》

하지만 양견 고양이는 조상 덕을 보려는 그런 후손은 아니었지.

건덕 연간,
수군 3만을 이끌고 하교(河橋)에서
북제의 군대를 물리쳤다.

《수서·제기 제1(隋書·帝紀第一)》

관리들이 통치를 잘하는지 못하는지,
백성들에게 어떤 고통이 있는지에
관해서는 관심을 두지 않는 부분이 없었다.
관중 지역이 흉년으로 기근이 들었을 때,
고조는 측근을 파견해 백성들이
먹는 음식을 살펴보게 했다.

《수서·제기 제2(隋書·帝紀第二)》

문제는 성격이 엄격하고 신중했으며
위엄이 있었다. 겉모습은 소박했으나
현명하고 민첩한 사람이었으며,
원대한 계획과 책략이 있었다…
그는 공이 있는 사람에게 상을 내릴 때
아까워하지 않았으며…
길에서 상소를 올리러 가는
사람을 만나면, 가던 길을 멈추고
말에서 내려 직접 물어보곤 했다.

《수서·제기 제2(隋書·帝紀第二)》

양견이 수나라를 세우다

하지만 '매력'이 너무 뛰어나다 보니
그에 따른 문제점도 있었지.

당시의 많은 대신은
훗날 그가 반드시 화근이 될 것으로 생각했어.

이런 여론은…
확실히 매우 위험했지….

양견 고양이는 어쩔 수 없이 스스로 자제하며
매사에 사소한 것까지 매우 신중했어….

고조는 매우 두려워해
자신을 깊숙이 숨겼다.
《수서·제기 제1(隋書·帝紀第一)》

하지만 가끔 운명은 이런 장난을 치는데,

북주의 3대 황제는 그를 제거하지 않았을 뿐만 아니라
끊임없이 그에게 결정적인 어시스트를 해주었지.

양견이 수나라를 세우다

주무제는 재위 당시

무제가 즉위한 뒤,
좌소궁백(左小宮伯)으로 승진하고
수주자사(隋州刺史)에 임명되었으며,
이후 대장군으로 승진했다.

《수서·제기 제1(隋書·帝紀第一)》

그를 의심하고 시기하기도 했으나

북주의 군주가 양견을 후히 대하자
제왕 우문헌(宇文憲)은 "보륙여견(양견)은
외모가 평범하지 않고, 볼 때마다 제가 그보다
한 단계 아래로 느껴지는 것으로 보아
그는 아마 누군가의 밑에 있는 것을
달가워할 사람이 아닐 것이므로,
그를 제거하십시오"라고 말했다. 황제도 의심이
생겨 래화(來和)에게 물었으나 래화는
"수공[82]은 절개를 지키며, 한 지역이나
지킬 사람입니다. 장수가 될 인물이었다면
뚫지 못할 적진이 없었을 것입니다"라고
거짓을 고했다.

《자치통감(資治通鑑)·172》

결국에는 그를 지지하는 쪽을 선택했고,

내사(內史) 왕궤(王軌)가
여러 차례 무제에게 말하길,
"황태자가 황제가 될 자격이 부족하고,
보륙여견(양견)은 반역의 상을
가졌습니다." 황제는 불쾌해하며
말하길, "만약 하늘의 확고한
의지가 있다면 어찌하겠는가?"

《수서·제기 제1(隋書·帝紀第一)》

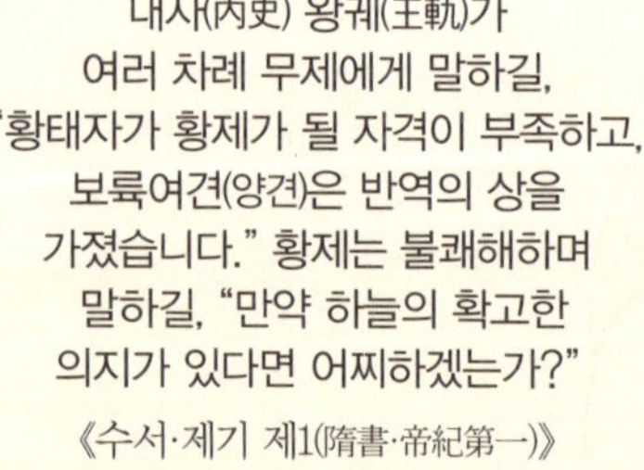

---

82) 수공(隨公) : 양견. ― 역주.

이후 황위를 계승한 주선제는

(북주) 선정(宣政) 원년(5718년)에
무제 우문옹(宇文邕)이 병으로 죽고,
그의 장자 우문윤(宇文贇)이 즉위했다.
그가 선제였다.

군사과학원(軍事科學院)
《중국 군사 통사(中國軍事通史)》

어리석은 황제로,

겨우 스무 살밖에 되지 않은
주선제는 '선한 일은 아무리 작아도
절대 하지 않고, 악한 일은 아무리
커도 반드시 하는' 어리석은 폭군이었다.

군사과학원(軍事科學院)
《중국 군사 통사(中國軍事通史)》

그는 즉위하자마자
'세상을 압도할 만한 지혜와
용맹힘을 가졌으며, 전장에서는
신과 같았던' 제왕 우문헌을
죽였으며, 이후 무제의
중신이었던 왕궤를… 죽였다.

군사과학원(軍事科學院)
《중국 군사 통사(中國軍事通史)》

황위에 오르자마자 자신을
따르던 두 충신을 죽이고,

선정 원년 6월 정유일,
고조가 붕어했다.
황태자가 황위에 올랐다…
무술일, 비 양 씨를 황후로 세웠다.

《주서·제기 제7(周書·帝紀第七)》

그의 딸은 선제의 황후였다. 이로 인해
양견은 북주의 국장이 되었다.

군사과학원(軍事科學院)
《중국 군사 통사(中國軍事通史)》

선제가 즉위하고, 장인의 신분으로
상주국(上柱國), 대사마(大司馬)에
임명되었다. 대상(大象) 초년에
대후승(大後丞), 우사무(右司武)로
직위를 옮겼다가 얼마 지나지 않아
대전의(大前疑)로 자리를 옮겼다.

《수서·제기 제1(隋書·帝紀第一)》

그가 '장인어른'의 신분으로
권력의 중심에 설 수 있게 해줬어.

비록 주선제도 양견 고양이를
경계하긴 했지만

고조의 지위,
위엄과 명망이
갈수록 높아지자
황제는 그를 매우
시기하고 미워했다.

《수서·제기 제1
(隋書·帝紀第一)》

> 선제는 화가 날 때마다 황후에게
> "반드시 당신 집안을 멸족시킬 것이오"
> 라고 말했다. 그렇게 해서 고조를
> 불러들여 만날 때 측근들에게
> "만약 그의 표정에 변화가 있으면,
> 그를 죽여라"라고 했다. 고조가
> 도착했을 때 표정이 태연한 것을 보고
> 행동을 중단했다.
>
> 《수서·제기 제1(隋書·帝紀第一)》

> 대상 2년 5월,
> 고조를 양주(揚州) 총관으로 임명했다.
> 출발하기 직전에 발에 병이 생겨
> 가지 못했다. 을미일에 황제가 붕어했다.
>
> 《수서·제기 제1(隋書·帝紀第一)》

> 황제(선제)가 붕어했다.
> 당시 정제의 나이가 어려….
>
> 《수서·제기 제1(隋書·帝紀第一)》

양견이 수나라를 세우다

결국 양견 고양이는 외척의 신분으로
조정에 들어가 황제의 정치를 보좌하게 되었어.

양견은 선제의 장인이라는
신분으로 기밀을 관장하는
황제의 측근이었던 신하이자
한족 세족 출신 지주 정역(鄭譯),
유방(劉昉) 등과 연계해 유지를 받들어
어린 황제를 보좌해
정치하는 것처럼 가장했다.

왕중뤄(王仲犖) 《수당오대사(隋唐五代史)》

야금야금 북주의 정권을
집어삼키기 시작한 거지.

양견은 스스로 대승상 자리에 올라
안팎의 모든 군사 업무를 감독했다.
이로써 북주의 최고 권력은 사실상
이미 양견의 수중에 떨어졌다.

왕중뤄(王仲犖) 《수당오대사(隋唐五代史)》

어린 황제는 겨우 여덟 살이라

(북주는) 선제의 아들 정제 우문천이
황위를 계승했다.
그의 나이는 겨우 여덟 살이었다.

왕중뤄(王仲犖)
《수당오대사(隋唐五代史)》

당연히 그의 상대가 되지 않았지만,

(정제는) 아직
직접 정사를 돌볼 수 없었다.

《수서·제기 제1(隋書·帝紀第一)》

당시 북주에는 수많은 봉국들이 있었어.

(북주는) 양국(襄國)군은 조나라로,
제남(濟南)군을 진나라로, 무당(武當),
안부(安富) 두 군을 월나라로,
상당(上黨)군을 대나라로, 신야(新野)군을
등(滕)나라로 바꾸고,
각 1만 호를 식읍[83]으로 봉했다.

《자치통감(資治通鑑)·173》

83) 식읍(食邑) : 황족, 공신, 대신 등에게 공로에 대한 상으로 주는 영지. – 역주.

양견이 수나라를 세우다

다시 말해, 어린 황제에게
수많은 '친척 왕'들이 있었던 거지.

조왕 우문초(宇文招),
진왕 우문순(宇文純),
월왕 우문성(宇文盛),
대왕 우문달(宇文達),
등왕 우문유(宇文逌)에게
각자의 봉국으로
갈 것을 명했다.

《자치통감(資治通鑑)·173》

이들은 상대하기 쉽지 않았어.

(양견은) 주 황실의 제후왕들이
군사를 일으킬까 봐 두려워했다….

바이서우이(白壽彝)《중국통사(中國通史)》

어떡하지?

양견 고양이는 한 가지 **'계략'**을 꾸몄는데,

먼저, 아무 구실이나 만들어서
'친척 왕'들을 모두 수도로 초대한 다음,

'친척 왕'들이 모두 수도에 도착하면,
그들의 봉국과 연락을 차단해버렸어.

양견이 수나라를 세우다

그러자 제후왕의 부하들은 매우 불안해졌고,

너도나도 군사를 이끌고 반란을 일으켰지.

이때 양견 집단에 반대하던 지방 세력은
상주(相州) 총관 울지형(尉遲迥)을
필두로 곧장 무장 대항을 시작했다.
운주(鄖州) 총관 사마소난(司馬消難),
익주(益州) 총관 왕겸(王謙)이 연달아
군사를 일으키며 이에 호응했다.
울지형은 북주의 중신으로 지형상
유리한 지역을 거점으로 삼았고,
병력은 10만에 달했다.

바이서우이(白壽彝)《중국통사(中國通史)》

그 반란 덕에,
양견의 계략은 성공을 거뒀어….

(양견은) 모든 죄를
다섯 왕에게 씌우고 그들을
손아귀에 넣어 농락했으며
하나씩 격파했다.

한승(韓昇)《수문제전(隋文帝傳)》

그는 곧장 '친척 왕'들에게
반역죄를 물어 모두 죽여버렸지!

양견은 결국 관중의
부병(府兵)을 이용해 장병들을
파견해 울지형과 왕겸을 격멸했다.

왕중뤄(王仲犖)《수당오대사(隋唐五代史)》

그다음, 반역이라는 죄목으로
북주 종실의 비왕(畢王) 우문현(宇文賢),
조왕 우문초, 월왕 우문성, 진왕 우문순,
대왕 우문달, 등왕 우문유 등을
차례로 죽였다.

바이서우이(白壽彝)《중국통사(中國通史)》

그렇게 북주의 황실은 거의 전멸되었고,

(양견은) 우문 씨 가문을 모두 멸해
전국의 정세를 완전히 장악했다.

왕중뤄(王仲犖)《수당오대사(隋唐五代史)》

24년간 지속되던 북주 황조는
새로운 정권으로 대체되었어.

양견은 자신의 지위가 이미
공고하나고 느꼈고   주 경제도 살해했다.
24년간 지속되던 북주가
역사의 무대에서 내려갔다.

바이서우이(白壽彝)《중국통사(中國通史)》

양견이 수나라를 세우다

그게 바로 양견 고양이가 세운 수(隋)나라야.

(북주) 대정(大定) 원년(581년) 2월…
한 차례 '선위'를 거쳐 (양견은)
정식으로 황제가 되었고,
국호를 수로, 연호를 개황(開皇)으로
바꾸고 수도를 장안으로 정했다.
역사에서는 그를 수문제라고 불렀다.

바이서우이(白壽彝)
《중국통사(中國通史)》

수나라의 건국은 북방에서
300년 넘게 지속되던 호족 정권이
막을 내렸다는 것을 의미했어.

예전 진(晉) 황실이 이리저리 옮겨 다니며
천하가 혼란에 빠지고 통일되지 못했고,
결국 주나라, 제나라 시대까지
전쟁이 끊임없이 일어났다.
이는 거의 300년 동안 계속되었다.

《수서·제기 제2(隋書·帝紀第二)》

중원 대륙에서 서진 말기에
흉노족 유연이 처음으로 소수민족 정권을
세운 이후 수백 년간의 분쟁을 거쳐
다시 한족이 주체가 되는
다민족 국가가 나타났다.

한승(韓昇)《수문제전(隋文帝傳)》

중국 대륙은 다시
한족 천자의 천하로 돌아왔지.

이때를 기점으로
수문제는 오랜 시간 동안
중국을 통치해 온 호족 정권을
한족 천자의 정권으로 대체했다.

바이서우이(白壽彝)
《중국통사(中國通史)》

한편, 당시 남방에도
마찬가지로 한족 정권이 자리 잡고 있었는데,

같은 시기에 남조는
궁지에 몰려 있었다.
바이서우이(白壽彝)
《중국통사(中國通史)》

양견 고양이의 다음 행보는 어떻게 될까?

고조의 마음속에
강남을 집어삼키려는
의지가 있었다….
《수서·열전 제17
(隋書·列傳第十七)》

이어서 계속

양견이 수나라를 세우다

편집자의 말 ◇◇◇◇◇◇◇◇◇◇◇◇◇◇◇◇◇◇◇◇◇◇◇◇◇◇◇◇◇◇◇◇

역사를 살펴보면, 매번 나라가 바뀌고 세대가 교체될 때마다 그것이 봉기에 의해서든, 군사적 난에 의해서든, 아니면 평온한 '선위'를 통해서든, 길고 지루한 분쟁을 피할 수는 없었다. 하지만 양견이 황제를 보좌해 정치하다가 수나라를 세우는 데까지는 불과 1년밖에 걸리지 않았다. 청(淸)나라 역사학자 조의(趙翼)는 "예로부터 천하를 이리 쉽게 얻은 자는 수나라 문제밖에 없었다"라고 감탄할 정도였다. 그렇다면 양견이 황제가 되는 과정은 어떻게 그리도 순조로웠을까? 학계에도 정설은 없으나 상대적 주류의 의견은 북주의 정치 구조 조정과 관련이 있다는 것이다. 북주는 건국 초기에 전쟁에서 공을 세운 공신들을 '8주왕(柱王), 12대장군'에 봉해 권력의 핵심을 구성했다. 양 씨도 그중 하나였다. 하지만 훗날 20개 가문의 권세가 지나치게 커지자, 북주 황실은 권력을 중앙으로 집결시키기 위해 그들에게 강한 압박을 가했고, 이로 인해 각 가문은 황권과 대립각을 세우게 되었다. 양견은 바로 그 기회를 틈타 다시 '황제의 장인'이라는 신분을 활용해 각 가문이 자신을 지지하도록 최선을 다해 설득했고, 이를 통해 거대한 정치 집단을 구성한 그는 손쉽게 북주를 전복시키고 수나라를 세울 수 있었다.

참고 문헌 : 《수서(隋書)》, 《주서(周書)》, 《자치통감(資治通鑑)》, 고단샤 《중국의 역사 6 – 찬란한 세계 제국 : 수당 시대(中國的歷史6 – 絢爛的世界帝国 : 隋唐时代)》, 한승(韓昇) 《수문제전(隋文帝傳)》, 바이서우이(白壽彝) 《중국통사(中國通史)》, 왕중뤄(王仲犖) 《위진남북조사(魏晉南北朝史)》 및 《수당오대사(隋唐五代史)》, 주사오허우(朱紹侯) 《중국 고대사(中國古代史)》, 군사과학원(軍事科學院) 《중국 군사 통사(中國軍事通史)》

모범 부부

양견과 그의 부인 독고 황후는 서로 매우 사랑했어. 두 사람은 항상 함께 조정에 나와 정사를 서로 의논했지. 그들이 이렇게 서로 손을 맞잡고 나라를 다스리는 것을 보고 당시 사람들은 그들을 '두 성군'이라고 불렀어.

최고 부부

불교와의 인연

양견이 태어날 때 방 안에 보랏빛 기운이 가득했고, 그의 몸에는 용의 비늘이 있었다고 해. 한 비구니가 그는 보통 아이들과 함께 자랄 수 없다고 했고, 그를 절로 데려가 열세 살 때까지 키웠어.

'표정이 없는' 황제

양견은 '표정이 없는' 황제였는데, 《수서》에 그는 늘 속을 알 수 없는 얼굴을 하고 쉽게 감정을 드러내지 않았고, 학교에 다닐 때도 친구들이 감히 농담을 건네지 못했다고 기록되어 있어.

야옹이들의 프로필

떡 극장

<기억해>

시간 다 됐네 가야겠다…
응, 올 때까지 기다릴게.

꼬빼기야!

우리가 한 이야기 절대 잊으면 안 돼….

어젯밤에 네가 말한 거 이젠 오늘 저녁이야!
수학 4번 시험장
数学 4号 考場

<작은 백과사전>

이 문제 아는 사람 손 들어보자.
저요!

이 문제 아는 사람 손 들어보자.
저요!

너무 맛있다! 살찌려나 모르겠네?
나 알아! 살쪄!

떡은 어려서부터 뭐든 다 알아서 걸어 다니는 작은 백과사전이라고 불렸다.
음?

떡
BILLIARDS
처녀자리

생일 · 9월 0일
키 : 181cm
좋아하는 과목: 정치

(인간 떡 소개)

319

제 77 장

남북 통일

제 77 장

서기 581년, 수나라가 북조를 대체했어.

남북조의 대서사가 마침내
마지막 단계에 이르게 되었지.

남북조 말기…
북주 대정 원년(581년) 2월,
북주의 대권을 총괄하던 대승상
양견이 주를 폐하고 수를 세웠다.

중국 인민 혁명 군사 박물관
(中國人民革命軍事博物館)
《중국 전전(中國戰典)》

먼저 **북쪽**에 관해 이야기해볼게.

북쪽에는 수나라가 있었고,
수나라를 이끄는 것은 수문제 양견 고양이였어.

(양견은) 한 차례 '선위'를 거쳐
정식으로 황제가 되었고, 국호를 수로,
연호를 개황으로 바꾸고
수도를 장안으로 정했다.
역사에서는 그를 수문제라고 불렀다.

바이서우이(白壽彝)
《중국통사(中國通史)》

어리석었던 옛 황제와 자신의 뛰어난
능력 덕에 황위에 앉았지.

양견은
북주 군주의 나이가 어리고
신하들이 어리석은 틈을 타
북주 정권을 빼앗고
수나라를 세웠다.

바이서우이(白壽彝)
《중국통사(中國通史)》

양견 고양이는 꽤 괜찮은 황제였어.

고조는 은혜로운 정치를
매우 중시했고, 법령은 분명하고
간결했으며, 몸소 근검절약을
실천해 천하가 기뻐했다.

《수서·제기 제1(隋書·帝紀第一)》

넘치는 업무도 마다하지 않고
열심히 정무를 돌봤고, 백성도 아꼈지.

수나라가 세워진 뒤에
수문제는 정치, 경제, 군사
모든 방면에서 개혁을 시행했다….
바이서우이(白壽彝)
《중국통사(中國通史)》

수나라의 국력은 미친 듯이 상승했어.

수나라의 각각의 정치,
경제 정책은 정권을 공고히 했고,
사회 경제를 발전시켰다.
이로 인해 수나라는
매우 빠르게 부강해졌다.
바이서우이(白壽彝)《중국통사(中國通史)》

하지만 남쪽의 진(陳)나라에는

남조는 궁지에 몰려 있었다.
양나라 말기 후경의 난(侯景之亂) 이후,
끝내 국력을 회복하지 못했다.
바이서우이(白壽彝)《중국통사(中國通史)》

황제 숙보 고양이가 있었는데,

진패선이 소 씨의
양나라 정권을 대신해
진나라를 세운 이후,
황위가 후주 진숙보까지
전해졌다.

군사과학원(軍事科學院)
《중국 군사 통사(中國軍事通史)》

진후주 진숙보는…
악기, 바둑, 글, 그림 어느 것 하나
못 하는 게 없는 고상하고
우아한 군주였다.

스쥔즈(石俊志)
《중국 화폐 법제사 개론
(中國貨幣法制史概論)》

악기, 바둑, 글, 그림 어느 것 하나
못 하는 게 없었고,

운문은 더욱 이것저것 다 잘했지.

(진후주는) 화려한 시와
사치스러운 생활이 뒤섞인
방탕하고 제멋대로의 삶을 살았고,
시와 술에 빠져 떠나지 못했다.
세상에 없던 즐거움의 절정을 누렸다.

타이징눙(台靜農)
《중국 문학사(中國文學史)》

남북 통일

후주 진숙보는 즉위 이후
정사를 돌보는 데 게을렀고,
매일 궁궐 깊숙한 곳에 틀어박혀
간사한 신하, 아끼는 비와 함께
술을 마시며 향락을 즐겼다…
조정의 대권은 간신 환관에 의해
좌우되어 나날이 부패해 갔다.

군사과학원(軍事科學院)
《중국 군사 통사(中國軍事通史)》

남북조 역사에서,

남쪽에서만 보면 진나라 상태가
제일 안 좋았어.

진나라는 남조 중
국력이 가장 약한 (왕조였다)…
소 씨의 양나라 후기에 일어난
장기간의 전란 뒤에 남은 것은
말로 할 수 없을 만큼 파괴되어
황폐해진 강남 땅과 불안하게
흔들리는 중앙 정권이었다.

후아샹(胡阿祥), 리톈스(李天石),
루하이밍(盧海鳴)
《남경통사·육조 권(南京通史·六朝卷)》

영토의 면적도 가장 작았고,

인구수도 가장 적었으며,

나라의 경제 상황도 제일 안 좋았지.

아무튼 천하 통일 세포가 하나도 없었던 거야….

그러면…강력했던 수나라가
왜 빨리 진나라를 멸망시키지 않은 것일까?

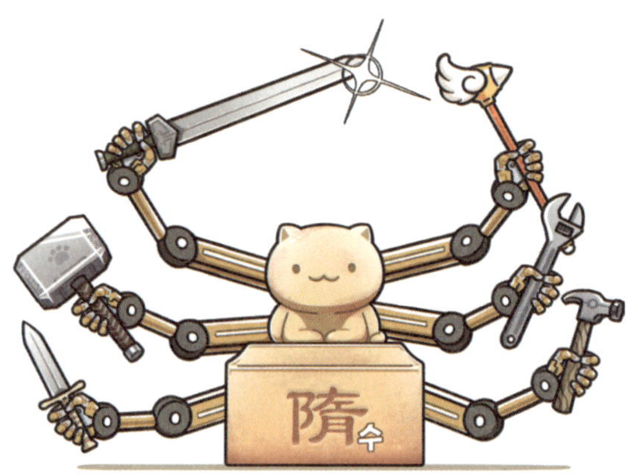

그 이유는 진나라 입구에
장강이 있었기 때문이야!

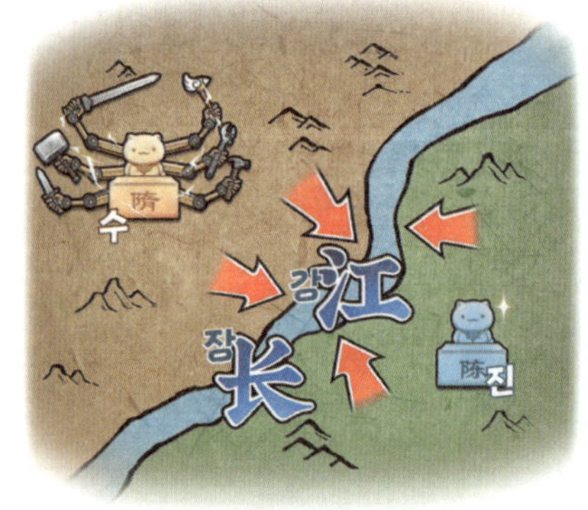

이 천연 장벽 때문에
수나라는 확실히 함부로 움직일 수 없었어.

그래서 양견 고양이는 토벌 방식을
세분화하기로 결심했지.

남하해 진나라를
멸망시키려는 전략적 목표가
순조롭게 달성되도록 하기 위해…
양견은 수나라를 세우고 진나라를
공격하기까지 8년간 반복적으로
신하들과 진나라를 평정하기 위한
책략을 토론하고 연구했다.

군사과학원(軍事科學院)
《중국 군사 통사(中國軍事通史)》

그는 먼저 상류에서 배를 만들면서,

(양견은) 장강 상류 지역에서
대대적으로 전선을 만들라는
명을 내렸다….

군사과학원(軍事科學院)
《중국 군사 통사(中國軍事通史)》

매일 '진나라 타도'의 구호가 널리 울려 퍼지게 했고,

> (양견은) 수군을 훈련시키고
> 전쟁 준비를 서둘렀다.
>
> 군사과학원(軍事科學院)
> 《중국 군사 통사(中國軍事通史)》

배를 만들고 남은 재료들을
강 아래로 흘려보냈어.

> 진나라 사람들이 상류에서
> 수나라 군이 배를 만든다는 사실에
> 확신을 갖도록, 양견은 배를 만드는
> 이들에게 잘라낸 나무 부스러기를
> 강에 버리라고 명령했고…
> 배를 만들면서 버려진 대량의
> 폐목재가 강을 따라 흘러 내려갔다.
>
> 군사과학원(軍事科學院)
> 《중국 군사 통사(中國軍事通史)》

이를 본 하류의 진나라는 깜짝 놀랐지.

> (양견은) 금방이라도 강을 타고
> 내려와 공격할 것 같은 태도를 취했고,
> 이는 진나라 통치자들의
> 이목을 집중시켰다.
>
> 군사과학원(軍事科學院)
> 《중국 군사 통사(中國軍事通史)》

그래서 수나라 군에서 작은 움직임만 있어도
그들은 곧장 군대를 집결시켰어.

진숙보는 역시나 이에 속아
상류에 있는 수나라 군이
곧 진격해 올 것이라고 오해했고,
산기상시(散騎常侍) 주라후(周羅喉)에게
명을 내려 군대를 이끌고
협곡 입구에 주둔하게 했다.

군사과학원(軍事科學院)
《중국 군사 통사(中國軍事通史)》

하지만 진나라가 형세를 갖추면

수나라 군은 빠르게 해산했지.

진나라 사람들이 수나라 군이
대거 들이닥치리라 생각해
다급하게 군대를 파견해 대비하자
수나라 군은 곧장 해산했다.

군사과학원(軍事科學院)
《중국 군사 통사(中國軍事通史)》

남겨진 진나라 군은 어리둥절할 수밖에 없었어.

게다가 양견 고양이는 일부러
농번기 때를 골라 이런 작전을 펼쳤지.

양견이 진나라를 취할 책략을
고경(高熲)에게 묻자,
그는 강남의 수확 철에
일부 병력을 모아
양동작전[84]을 써서
공격할 태세를 보여주자고
건의했다….

군사과학원(軍事科學院)

《중국 군사 통사(中國軍事通史)》

진나라가 막 농사일을 시작하려고 할 때,

진나라가
군대를 주둔시켜 수비하게 해
농사철에 시간을 허비하게 했다.

군사과학원(軍事科學院)

《중국 군사 통사(中國軍事通史)》

---

84) 양동작전 : 적의 경계를 분산시키기 위해, 실제 전투는 하지 아니하지만 병력이나 장비를 기동함
으로써 마치 공격할 것처럼 보여 적을 속이는 작전. – 역주.

수나라 군은 곧 진격할 것처럼 굴다가

(수나라 군은)
수많은 깃발을 늘어놓고,
평야에 막사를 가득 세웠다.

《자치통감(資治通鑑)·177》

진나라 군이 준비를 마치면

수나라 군은 징을 울려 병사들을 철수시켰어.

진나라 대군이 모두 집합하면
수니라 군은 갑옷을 빗고
군을 철수시켰다.

군사과학원(軍事科學院)
《중국 군사 통사(中國軍事通史)》

남북 통일

이 과정을 오래 반복하다 보니,
진나라는 경계심을 완전히 잃어버렸고,

이 과정을 자주 반복하면
진나라 군은 반드시 매우
익숙해져서 경계를 늦추고
대비하지 않을 것이다.
군사과학원(軍事科學院)
《중국 군사 통사(中國軍事通史)》

호각이 울려도 다들 경계하는 것을 귀찮아했지….

언젠가 수나라 군이
진짜 군대를 보내 쳐들어와도
진나라 군은 경계심을 잃어버려
절대 믿지 않을 것이다.
군사과학원(軍事科學院)
《중국 군사 통사(中國軍事通史)》

이 결과는 완전히 양견 고양이의 계산 안에 있었어.

이어서, 그는 진나라 황제의
스무 가지 죄목을 적은 조서를

(수) 개황 8년(588년) 3월, 양견은
진나라 토벌 명령을 반포했다…
진후주 숙보의 스무 가지 죄상을
열거했다.
군사과학원(軍事科學院)
《중국 군사 통사(中國軍事通史)》

30만 부나 만들어 곳곳에 뿌렸는데,

… 조서 30만 장을 써서 뿌리며
강 밖으로까지 널리 알렸다.
《자치통감(資治通鑑)·176》

진나라 백성들은
원래도 황제에게 불만이 많았던 터라

진나라 통치 집단은 정치적으로
심각하게 부패했기 때문에
민심을 얻지 못했다.
군사과학원(軍事科學院)
《중국 군사 통사(中國軍事通史)》

양견 고양이에게 이렇게 한바탕 욕을 먹는 꼴을 보니
더욱 진나라에서 벗어나고 싶어졌지.

양견이 이렇게 행동한 목적은…
진숙보의 어두운 통치를 폭로하고,
수나라 군이 곧 남쪽으로 진격하는 것에
대해 강남 백성들의 공감과
지지를 얻기 위해서였다.

군사과학원(軍事科學院)
《중국 군사 통사(中國軍事通史)》

진나라의 군심과 민심까지 모두 충분히 손에 넣은 그때,

양견 고양이가 기다리던 바로 그때가 온 거야.

수년간의 세심한 준비 끝에
문제는 때가 이르렀다고 느꼈다…
당시 진나라의 군주는 어리석고
신하는 간사했으며, 백성들의 분노는
들끓었고 군사적 방비는 소홀하고
허술해졌으며, 병사들에게는
싸울 의지가 없었다.

허샤오밍(何曉明)
《중국 황권사(中國皇權史)》

> (양견은) 개황 8년(588년) 10월,
> 남하 관련 작업들을
> 준비하기 시작했다.
>
> 군사과학원(軍事科學院)
> 《중국 군사 통사(中國軍事通史)》

양견 고양이는 수나라 군 50만을 소집한 뒤
여덟 갈래로 나눠 진나라를 공격하게 했어.

> (양견은) …
> 수륙군 51.8만을 소집하고…
> 수나라 군은 병력을
> 여덟 갈래로 나눠…
>
> 군사과학원(軍事科學院)
> 《중국 군사 통사(中國軍事通史)》

당시 진나라는 조정에서 백성까지
파티를 즐기고 있었고…

> 양견은 진나라가
> 새해 첫 조회를 축하하는 그날을
> 선택해 하류의 각 갈래에 있던
> 수나라 군에게 강을 건너 공격할 것을
> 명령했다… 진숙보는 대대적으로
> 군신들과 모여 새해 첫 조회를 축하하며
> 위아래 할 것 없이 모두 깊이 술에 취했다.
>
> 군사과학원(軍事科學院)
> 《중국 군사 통사(中國軍事通史)》

수나라 군이 진짜로 움직일 때까지 기다리다

모든 게… 다 돌이킬 수 없게 되었지.

> 장강 하류 각 갈래에서 수나라 군이
> 동시에 진격을 시작하자
> 그 소식은 건강으로 전해졌고,
> 진숙보는 가시방석에 앉은 듯 불안했다.
>
> 군사과학원(軍事科學院)
> 《중국 군사 통사(中國軍事通史)》

> 군사를 일으킨 지
> 4개월이 채 되지 않아
> 진나라에 속했던 30개 주, 100개 군,
> 400개 현은 모두 수나라 땅으로
> 귀속되었다. 이로써 진나라를
> 멸망시키려 한 수나라의
> 전쟁도 끝이 났다.
>
> 왕바오궈(王保國)《중화 민족 분열 시기
> 통일 전략 연구(中華民族分裂時期統一策略研究)》

이렇게…진나라는
'자연스럽게' 역사의 무대에서 내려갔어.

진나라의 멸망은 남북조 시대의
완전한 종료를 의미했고,

수나라 왕조가
북쪽으로 돌궐을 공격하고,
남쪽으로 진나라를 멸한 전쟁에서
승리함으로써 동진 이래로 시작된
남북의 장기 분열과 혼전의
혼란 국면을 끝냈다.

군사과학원(軍事科學院)
《중국 군사 통사(中國軍事通史)》

수나라가 세워진 뒤,
수문제는 중앙 집권을 강화하고
사회 경제를 발전시키는
일련의 조치를 취해 국력을 강화했다…
동시에, 양진과 남북조 시대에
민족 간의 전쟁과 융합을 거치며
남북으로 대치하고 있던 민족 간의
갈등도 점차 옅어졌다.

주사오허우(朱紹侯), 궁류주(龔留柱)
《중국 고대사 강좌(中國古代史教程)》

서진 말기 이후의 민족 간 갈등도
이때는 이미 더 이상 존재하지 않았지.

270년이 넘는 분열을 겪고
중국 대륙은 다시 하나로 통일된 거야.

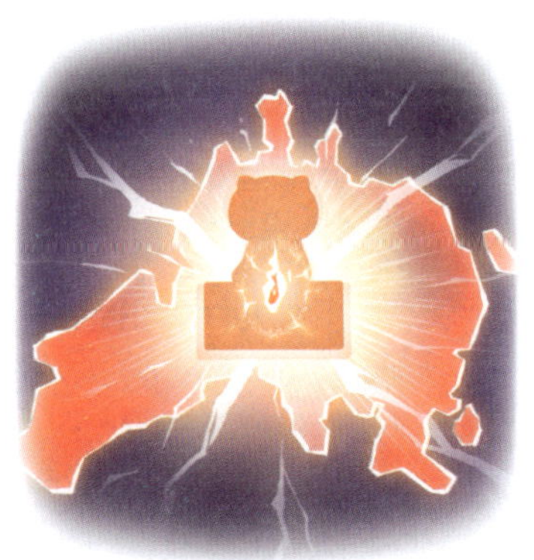

(수나라가 진나라를 멸하고)
동진의 십육국 이래로
270여 년간 남북으로 분열된
대치 국면을 끝내고
나시 중국을 통일했다.

중국 인민 혁명 군사 박물관
(中國人民革命軍事博物館)
《중국 전전(中國戰典)》

이 새 시대를 연 것이 바로 수나라였지.

진나라도 평정되면서,
수문제 양견은 '전국 통일'이라는
역사적 임무를 완수했다.

군사과학원(軍事科學院)
《중국 군사 통사(中國軍事通史)》

전국 통일에 성공하면서
나라 안에는 비교적 안정적인 국면이 형성되었고,

사회의 생산력도 한 단계 더 발전해

남북 통일이 실현되고
전국적으로 비교적 안정적인
국면이 형성되었다.
사회 생산력을 한 단계
더 발전시키는 데…
매우 유리한 조건이 만들어졌다.

군사과학원(軍事科學院)
《중국 군사 통사(中國軍事通史)》

국가 정권이 공고하고 강성해지는 데
유리한 조건을 제공해주었어.

문제 양견은
통일의 대업을 이미 완수했다고 보고,
전략적인 국가 전환을 실시했다.
나라의 평화로운 건설을 위해
애쓰면서 수나라를 강력한 국력을
가진 봉건 국가로 만들었다.

군사과학원(軍事科學院)
《중국 군사 통사(中國軍事通史)》

중국은 곧 봉건 통일 제국의
안정적인 발전 단계에 돌입할 참이었지!

수 왕조는 진(秦) 왕조와 마찬가지로,
더 위대한 왕조의 탄생을 위해
포석을 깔았고, 100년의
번영기를 열었다.

왕바오궈(王保國)
《중화 민족 분열 시기 통일 전략 연구
(中華民族分裂時期統一策略研究)》

이후에는 또 어떤 이야기들이 기다리고 있을까?…

이어서 계속

양견이 정권을 장악하고 주나라를 대신해 수나라를 세우는 데는 1년여 걸렸는데, 갈수록 상황이 안 좋아졌던 진나라를 멸망시키고 천하를 통일하는 데 왜 10년 가깝게 걸렸을까? 그것은 천연 요새인 장강 때문만은 아니었다. 더 복잡한 이유는 돌궐이었다. 수나라의 통일은 전략상 '선남후북'에서 '선북후남'으로 변경되었다. 남북조 말기에 실질적으로 수, 돌궐, 진, 이 세 개의 정권이 있었고, 수나라 계획은 먼저 진나라를 멸망시키고 돌궐을 공격하는 것이었다. 하지만 돌궐이 위협이 되자 수나라는 계획을 수정했다. '먼 나라와는 동맹을 맺고, 가까운 나라는 공격하며, 강한 세력을 분산시키고, 약한 세력은 연합시키는' 방식으로 돌궐에는 정치적 분열을 일으킴과 동시에 기회를 엿보다 군사를 보내 반격했고, 진나라에는 수세를 취하며 관찰하고 준비하다 북방이 평정되고 진나라를 토벌할 준비가 완료된 후에 공격 태세로 전환했다. 그리고 진나라가 방비하지 않은 틈에 군사를 이끌고 강을 건너 단번에 승리했다. 수나라가 승리를 거둔 것은 무력 때문만이 아니라 세심한 준비를 통한 결실이었다. 이런 운영으로 수나라는 좋은 출발을 할 수 있었고, 한동안 부강한 나라가 될 수 있었다.

양견 역 – 떡

참고 문헌 : 《수서(隋書)》, 《자치통감(資治通鑑)》, 바이서우이(白壽彝) 《중국통사(中國通史)》, 타이징농(台靜農) 《중국 문학사(中國文學史)》, 허샤오밍(何曉明) 《중국 황권사(中國皇權史)》, 군사과학원(軍事科學院) 《중국 군사 통사(中國軍事通史)》, 스쥔즈(石俊志) 《중국 화폐 법제사 개론(中國貨幣法制史概論)》, 주사오허우(朱紹侯), 궁류주(龔留柱) 《중국 고대사 강좌(中國古代史教程)》, 중국 인민 혁명 군사 박물관(中國人民革命軍事博物館) 《중국 전전(中國戰典)》, 국가 사회 과학 기금 보조 항목(國家社科基金資助項目) 《중국 인구통사(中國人口通史)》, 왕바오궈(王保國) 《중화 민족 분열 시기 통일 전략 연구(中華民族分裂時期統一策略研究)》, 중화 인민공화국 재정부(中華人民共和國財政部) 《중국 농민 부담사(中國農民負擔史)》, 후아샹(胡阿祥), 리톈스(李天石), 루하이밍(盧海鳴) 《남경통사·육조 권(南京通史·六朝卷)》

'강력함'을 홍보하다

수나라 군이 승리하고 포로로 잡은 진나라 군을 집으로 돌려보내면서 수문제가 쓴 글을 나눠주고는 길을 따라 배포하도록 했어. 그렇게 수나라의 명성이 더욱 커졌지.

자리가 부족해

수문제의 통치 아래, 수나라는 모든 국고가 가득 차서 수많은 재물과 보물들을 둘 곳이 없을 만큼 부강해졌어. 수문제는 어쩔 수 없이 창고 면적을 키우는 동시에 조세를 감면해주는 조령을 발표했지.

풍류가

진숙보는 시를 매우 잘 썼는데, 유연시,[85] 염정시,[86] 변새시,[87] 영물시[88] 모두 자유자재로 썼어. 그중에 가장 잘 쓰는 것은 당연히 풍정시로, 이는 여인의 아름다움 혹은 남녀를 묘사하는 것이었다.

발라드 왕자 명곡 전집

---

85) 유연시(遊宴詩) : 유람이나 연회에서 읊는 시. – 역주.
86) 염정시(艶情詩) : 남녀의 사랑을 다루는 시. – 역주.
87) 변새시(邊塞詩) : 변방의 삶과 전쟁 등에 관한 시. – 역주.
88) 영물시(詠物詩) : 구체적인 사물을 대상으로 하는 시. – 역주.

Copyright © 2019

by 肥志 / 富阳国际（香港）有限公司 & 广州漫友文化科技发展有限公司 All rights reserved.

Korean Translation Copyright © 2026
by Bunny on the Moon Inc.

Korean edition published by arrangement with
富阳国际（香港）有限公司 and 广州漫友文化科技发展有限公司
through EntersKorea Co., Ltd.

고양이가 중국사의 주인공이라면 ❻

제1판 1쇄 2026년 1월 15일

지은이   페이즈(肥志)
옮긴이   이에스더
펴낸이   장세린
디자인   얼앤똘비악

펴낸곳   버니온더문
등록   2019년 10월 4일 (제2020-000051호)
주소   서울특별시 용산구 청파로93길 47
홈페이지 http://bunnyonthemoon.kr
SNS   https://www.instagram.com/bunny201910/
전화   010-3747-0594 팩스 050-5091-0594
이메일   bunny201910@gmail.com

ISBN   979-11-93671-25-2 (04910)
ISBN   979-11-969927-0-5 (세트)

책값은 뒤표지에 있습니다.
파본은 구입하신 서점에서 교환해드립니다.